Dieter Grillmayer

FOLGEN und REIHEN

Dieter Grillmayer

Schätze der Mathematik:
FOLGEN und REIHEN

Bibliographische Information der Deutschen Bibliothek:
Die Deutsche Bibliothek verzeichnet diese Publikation in der
Deutschen Nationalbibliographie;
detaillierte bibliographische Daten sind im Internet über
http://dnb.ddb.de abrufbar

ISBN: 9783738656923
Zweite, verbesserte Auflage

Herstellung und Verlag:
BoD-Books on Demand, Norderstedt

Inhaltsverzeichnis

Abkürzungen und mathematische Symbole:

Abschn.	Abschnitt
allg.	allgemein(er/e/es)
arithm.	arithmetisch(er/e/es)
Beisp.	Beispiel
bzw.	beziehungsweise
d. h.	das heißt
FE	Flächeneinheit
griech.	griechisch(er/e/es)
geom.	geometrisch(er/e/es)
gespr.	gesprochen
i. A.	im Allgemeinen
lat.	lateinisch(er/e/es)
LE	Längeneinheit
natürl.	natürlich(er/e/es)
regelm.	regelmäßig(er/e/es)
u. a.	unter anderem
UA	Unterabschnitt
VE	Volumseinheit
z. B.	zum Beispiel

$\mathbb{N}$	Menge der natürlichen Zahlen
$\mathbb{P}$	Menge der Primzahlen
$\mathbb{Z}$	Menge der ganzen Zahlen
$\mathbb{Q}$	Menge der rationalen Zahlen
$\mathbb{Q}^+$	Menge der positiven rationalen Zahlen
$\mathbb{R}$	Menge der reellen Zahlen
$\forall$	für alle
$\exists$	es gibt
$\Rightarrow$	daraus folgt
$\rightarrow$	gegen (Grenzübergang)
$\in$	ist Element von

Vorwort

In meinem Buch „Schule zwischen Anspruch und Zeitgeist" habe ich angedacht, für Maturanten/Abiturienten von Gymnasien, welche mit Naturwissenschaft und Technik ganz gewiss nichts im Sinn haben, eine um die Differential- und Integralrechnung „abgespeckte" Form der Mathematik (zugunsten eines anderen Schwerpunktes) anzubieten. Denn, wiewohl die Beispiele aus dem genannten Sachgebiet vielfach „mechanisch" gelöst werden können, verlangt das Einüben dieser Mechanik doch einen großen Zeitaufwand bei vergleichsweise geringem Gewinn für die Allgemeinbildung.

Meinem didaktischen Hauptanliegen folgend, die Mathematik an Gymnasien solle vor allem „verständlich" sein, und weil die Differential- und Integralrechnung von der Theorie her doch schon viele Schüler überfordert, habe ich vorgeschlagen, in der „abgespeckten" Variante den Folgen und Reihen eine an Verständlichkeit orientierte breite Behandlung zukommen zu lassen. Denn es sind die Folgen und Reihen, welche für den Grenzwertbegriff und alles, was darauf aufbaut, grundlegend sind.

Um meinem Vorschlag Gewicht zu verleihen habe ich es unternommen, dieses Gebiet unter dem genannten Gesichtspunkt aufzubereiten. Wieviele Schätze der Mathematik dabei zum Vorschein kommen bzw. vorgestellt werden können, das hat mich selbst überrascht. So lässt es etwa die Behandlung der EULERschen Zahl und ihrer Reihenentwicklung geraten erscheinen, im Vorfeld auf das PASCALsche Dreieck, die Binomialkoeffizienten und den betreffenden Lehrsatz einzugehen. Auch für die Vorstellung und Anwendung wichtiger mathematischer Beweisverfahren ist das behandelte Thema bestens geeignet. Der Praxisbezug ist vor allem beim Abschnitt „Zinseszins- und Rentenrechnung" evident. Wer immer mit seinem Geld sorgsam umgehen will kann daraus Nutzen ziehen.

Den in diesem Büchlein vorgestellten Lehrgang halte ich daher für ein brauchbares Beispiel dafür, wie eine vornehmlich der Allgemeinbildung dienende Mathematik vermittelt werden kann, die über das in den ersten acht Schuljahren erworbene Wissen und Können auf diesem Gebiet ein gutes Stück hinausgeht. Wer zum logischen Denken befähigt ist und die Pflichtschul-Mathematik, insbesondere die Bruch-, Potenz- und Buchstabenrechnung, handwerklich gut beherrscht, dem dürfte das verständnisvolle Nachverfolgen des hier Gebotenen eigentlich keine Schwierigkeiten bereiten.

Lediglich ein paar geometrische Anwendungen verlangen Zusatzwissen, wie es u. a. meinem Buch „Im Reich der Geometrie", Teil I (Ebene Geometrie) und Teil II (Räumliche Geometrie), entnommen werden kann. Darauf wird im Bedarfsfall mit „IRdG I" bzw. „IRdG II" samt Seitenangabe verwiesen.

Wie schon bei meinem „Geometriebuch" war mir mein lieber Fach- und langjähriger Lehrerkollege am BRG Steyr, Herr OStR. Mag. Willi Nowak, auch bei dieser Arbeit ein akribisch genauer Korrekturleser. Neben dem persönlich ausgesprochenen Dank ist es natürlich geboten, Willi Nowaks Mitwirkung auch an dieser Stelle dankbar festzuhalten.

Einen weiteren herzlichen Dank schulde ich Herrn Univ.-Prof. Dr. Rudolf Taschner, welcher mir einige Verbesserungen nahegelegt hat, die in dieser zweiten Auflage enthalten sind.

Dieter Grillmayer

1. Unendliche Zahlenfolgen

Eine *Menge* im mathematischen Sinn ist jede (i. A. ungeordnete) Zusammenfassung von Elementen, die voneinander unterscheidbar sein müssen, was aber gegebenenfalls auch durch Kennzeichnung (*Indizierung*) mit natürlichen Zahlen $n \in N = \{1, 2, 3, ...\}$ erfolgen kann. Zum Beispiel bei einer Menge gleich großer, gleich schwerer und gleich roter Kugeln: erste Kugel k_1, zweite Kugel k_2, dritte Kugel k_3 usw., symbolisch $\{k_1, k_2, k_3, ...\}$ oder $\{k_2, k_3, k_1, ...\}$ oder jede andere Reihenfolge. Besteht eine Menge aus unendlich vielen Elementen und lässt sich jedem Element eine natürliche Zahl (als *Index*) zuordnen und umgekehrt, so handelt es sich um eine *abzählbar unendliche Menge.**) Besteht eine solche Menge aus Zahlen und werden diese nach dem Index geordnet, so handelt es sich um eine *unendliche Zahlenfolge*. Symbolisch wird eine Folge durch Spitzklammern anstelle von Mengenklammern angezeigt.

Eine unendliche Zahlenfolge $\langle a_n \rangle$ ist eine abzählbar unendliche, nach dem Index $n \in N$ geordnete Zahlenmenge, deren Elemente a_1, a_2, a_3, ... a_n, ... einem Bildungsgesetz unterliegen.

Das Bildungsgesetz kann immer verbal, fallweise auch durch Formeln angegeben werden. Bei den Formeln unterscheidet man *explizite* und *rekursive Darstellungen*. Formeln, welche die Folgeglieder explizit darstellen, sind Funktionsgleichungen: $a_n = f(n)$. Rekursive Formeln erlauben die Berechnung jedes Elements a_n durch Zurückgreifen auf vorhergehende Elemente. In der Regel wird mit a_{n-1} das Auslangen gefunden: $a_n = T(a_{n-1}, n)$. Die Folge ist vollständig bestimmt, sobald man ihr erstes Glied a_1 und den Term $T(a_{n-1}, n)$ kennt.

---

*) Das Unendliche gehört von alters her zu den wichtigsten Begriffen der Mathematik. Der Engländer John WALLIS hat im 17. Jahrhundert als Symbol dafür die *Lemniskate* ∞ eingeführt. Trotzdem wurde der Begriff erst 1874 vom deutsch-russischen Mathematikers Georg CANTOR in einer bahnbrechenden Abhandlung exaktifiziert. Danach gibt es verschiedene *Mächtigkeiten* des Unendlichen, wobei das abzählbar Unendliche die kleinste ist.

1.1 Bildungsgesetze und Benennungen

In diesem ersten Unterabschnitt (UA 1.1) werden zwölf Beispiele für unendliche Folgen vorgestellt und relevante Eigenschaften benannt. Anhand der Primzahlenfolge (Beispiel 2) wird ein indirekter Beweis geführt, um nachzuweisen, dass es sich um eine unendliche Folge handelt. Anhand der Faktoriellenfolge (Beispiel 12) wird der entsprechende Begriff vorgestellt und erläutert.

Beispiel 1: $\langle 1, 2, 3, 4, 5, ... \rangle$ Folge aller natürlichen Zahlen ($a_n \in N$), wachsend geordnet; explizit $a_n = n$, rekursiv $a_1 = 1$, $a_n = a_{n-1} + 1$.

Beispiel 2: $\langle 2, 3, 5, 7, 11, ... \rangle$ Folge aller Primzahlen ($a_n \in P$), wachsend geordnet; keine Formeldarstellung möglich. Dass es unendlich viele Primzahlen gibt und die Primzahlenfolge daher wirklich eine unendliche Folge ist, das war schon EUKLID bekannt und es gibt dafür einen höchst einfachen *indirekten Beweis*. Dieses Beweisverfahren ist grundsätzlich nur anwendbar, wenn aus zwei gegensätzlichen Annahmen die richtige herausgefunden werden soll, und besteht darin, die andere zu falsifizieren, d. h. nachzuweisen, dass die Annahme von deren Richtigkeit zu einem Widerspruch führt.

Im gegenständlichen Fall wird somit davon auszugehen sein, dass es nur endlich viele Primzahlen gibt und p_k deren höchste ist. Das Produkt n aller dieser Primzahlen, vermehrt um die Zahl 1, wird mit dem *Produktsymbol* geschrieben als

$$n = \prod_{i=1}^{k} p_i + 1 = 2.3.5.7....p_k + 1$$

Diese Zahl n ist durch keine der k Primzahlen teilbar, weil die Division n : p_i immer den Rest 1 ergibt. Also ist n entweder eine weitere Primzahl oder es gibt (mindestens) eine weitere Primzahl, welche n teilt, beides im Widerspruch zur Voraussetzung.

Beispiel 3: $\langle 6, 3, 0, -3, -6, ... \rangle$ Folge der Vielfachen von 3, von 6 weg fallend geordnet; explizit $a_n = 6 - 3.(n - 1)$, rekursiv $a_1 = 6$, $a_n = a_{n-1} - 3$.

Beispiel 4: $\langle 1, 4, 1, 5, 9, ...\rangle$ Folge der Dezimalen der Kreiszahl π, nach Stellenwert geordnet; keine Formeldarstellung möglich.

Beispiel 5: $\langle 1, 1, 1, 1, 1, ...\rangle$ *Konstante Folge* mit der Konstanten 1; explizit $a_n = 1^n$ oder $a_n = \dfrac{n}{n}$, rekursiv $a_1 = 1$, $a_n = a_{n-1}$.

Beispiel 6: $\langle 1, -1, 1, -1, 1, ...\rangle$ Zwischen 1 und -1 hin und her pendelnde Folge; explizit $a_n = (-1)^{n-1}$, rekursiv $a_1 = 1$, $a_n = a_{n-1} \cdot (-1)$.

Beispiel 7: $\langle -\dfrac{1}{2}, \dfrac{1}{4}, -\dfrac{1}{8}, \dfrac{1}{16}, -\dfrac{1}{32}, ...\rangle$ Folge der n-ten Potenzen von $-\dfrac{1}{2}$; explizit $a_n = \left(-\dfrac{1}{2}\right)^n$, rekursiv $a_1 = -\dfrac{1}{2}$, $a_n = a_{n-1} \cdot \left(-\dfrac{1}{2}\right)$.

Beispiel 8: $\langle 3, \sqrt{3}, \sqrt[3]{3}, \sqrt[4]{3}, \sqrt[5]{3}, ...\rangle$ Folge der n-ten Wurzeln von 3, explizite Darstellung $a_n = \sqrt[n]{3} = 3^{\frac{1}{n}}$.

Beispiel 9: $\left\langle \dfrac{1}{2}, \dfrac{2}{3}, \dfrac{3}{4}, \dfrac{4}{5}, \dfrac{5}{6}, ...\right\rangle$ Folge der Brüche mit dem Zähler n und dem Nenner $n + 1$; explizit $a_n = \dfrac{n}{n+1}$.

Beispiel 10: $\left\langle 2, \dfrac{3}{2}, \dfrac{4}{3}, \dfrac{5}{4}, \dfrac{6}{5}, ...\right\rangle$ Folge der Brüche mit dem Zähler n $+ 1$ und dem Nenner n; explizit $a_n = \dfrac{n+1}{n}$.

Beispiel 11: $\langle 1, 2, 2, 3, 2, 4, ...\rangle$ Folge der Anzahl der Teiler von n. Die Zahl 1 ist nur durch sich selbst teilbar, 2, 3 und 5 sind Primzahlen, daher nur durch 1 und sich selbst teilbar, 4 hat drei Teiler (1, 2, 4) und 6 vier (1, 2, 3, 6). Eine Formeldarstellung ist nicht möglich.

Im Hinblick auf eine Aussage in UA 1.5 sei darauf hingewiesen, dass diese Folge nach oben hin nicht beschränkt ist, wofür die Existenz von unendlich vielen Primzahlen (Beisp. 2) die Begründung liefert. Denn jeder Faktor eines Primzahlprodukts ist ein Teiler desselben, also hat das Produkt von n Primzahlen mehr als n Teiler, nämlich die n Primzahlen und deren Teilprodukte sowie 1 und die Zahl selber.

Beispiel 12: $\langle 1, 2, 6, 24, 120, ...\rangle$ *Faktoriellenfolge*; das rekursive Bildungsgesetz lautet $a_1 = 1$, $a_n = a_{n-1}.n$.

Unter n *Faktorielle* (oder n *Fakultät*) versteht der Mathematiker das Produkt aller natürlichen Zahlen bis zur Zahl n. Als *Faktoriellensymbol* wird das Rufzeichen verwendet:

$$\prod_{i=1}^{n} i = 1.2.3....(n-1).n = n!$$

Gesprochen: „Das Produkt der Zahlen von 1 bis n ist gleich n Faktorielle". (Im Hinblick auf die Binomialkoeffizienten, siehe UA 1.3, wird unabhängig von der obigen Definition noch 0! = 1 festgelegt.) Man beachte, dass die Folge der Faktoriellen sehr rasch „anwächst", die Folgen der Beispiele 1, 2 und 11 hingegen vergleichsweise langsam, und die Folge von Beispiel 9 wächst zwar beständig, ohne aber je den Wert 1 zu erreichen.

1.2 Monotone und streng monotone Folgen

Folgen wie in den Beispielen 1, 2, 9 und 12 angegeben werden *monoton wachsende Folgen* genannt: $a_{n-1} \leq a_n \ \forall \ n \in N$. Folgen wie in den Beispielen 3, 8 und 10 angeführt werden *monoton fallende Folgen* genannt: $a_{n-1} \geq a_n \ \forall \ n \in N$. Monotone Folgen, bei denen nur das Kleiner-Zeichen oder nur das Größer-Zeichen gilt, werden als *streng monoton* bezeichnet. Folgen wie in den Beispielen 6 und 7 angeführt werden *oszillierende* („pendelnde") *Folgen* genannt.

Liegt ein explizites Bildungsgesetz vor, dann lässt sich das Monotonieverhalten einer Folge nicht nur aus dem fortschreitenden Anwachsen oder Abnehmen der Folgeglieder erschließen, sondern auch durch das Lösen einer Ungleichung, nämlich $a_{n-1} \leq a_n$ bzw. $a_{n-1} \geq a_n$ beweisen. Die Regeln für das Lösen von Ungleichungen durch lösungsäquivalente Umformungen stimmen mit jenen für Gleichungen überein. Allerdings kehren sich beim Multiplizieren beider Seiten mit einer negativen Zahl die Größenverhältnisse um, sodass auch das Ungleichzeichen „umgedreht" werden muss. Ebenso natürlich auch beim Vertauschen von Zähler und Nenner auf beiden Seiten.

Beispiel 1: Die in UA 1.1 bereits genannte Folge $\langle 6 - 3.(n-1)\rangle$ ist ersichtlich (streng) monoton fallend, wie auch die folgende Rechnung zeigt: $a_{n-1} = 6 - 3.[(n-1)-1] = 6 - 3.(n-2) > 6 - 3.(n-1)$. Hier hebt sich 6 auf und durch Multiplizieren der Ungleichung mit $-\frac{1}{3}$ sowie Austausch des Ungleichzeichens ergibt sich $n - 2 < n - 1$, was letztlich auf die ganz gewiss richtige Ungleichung $-2 < -1$ führt .

Beispiel 2: Nicht ganz einfach ist es, bei der Folge $\left\langle \frac{2}{3}, 1, \frac{6}{5}, \frac{4}{3}, \frac{10}{7}, ...\right\rangle$ anhand der ersten fünf Glieder das Bildungsgesetz $a_n = \frac{2n}{n+2}$ zu erkennen. Die Vermutung, dass sie (streng) monoton wächst, wird durch folgende Äquivalenzumformungen bestätigt:
$\frac{2(n-1)}{n+1} < \frac{2n}{n+2} \Rightarrow 2.(n-1).(n+2) < 2n.(n+1) \Rightarrow 2n^2 + 2n - 2 < 2n^2 + 2n \Rightarrow -2 < 0$, und das ist sicher richtig.

Beispiel 3: Auch die Folge $\left\langle 3, \sqrt{3}, \sqrt[3]{3}, \sqrt[4]{3}, \sqrt[5]{3}, ...\right\rangle$ mit $a_n = \sqrt[n]{3} = 3^{\frac{1}{n}}$ ist in UA 1.1 bereits vorgekommen und als monoton fallend eingestuft worden. Für das Rechnen mit Wurzeln empfiehlt sich die Potenzschreibweise mit gebrochenen Exponenten wegen der dann anwendbaren Potenzregeln $a^p.a^q = a^{p+q}$ und $(a^p)^q = a^{p.q}$ ($a \in Q^+$ und $p \in Q, q \in Q$).

$3^{\frac{1}{n-1}} > 3^{\frac{1}{n}}$ mit $(n-1).n$ potenziert ergibt $3^n > 3^{n-1}$ und durch Kürzen mit 3^{n-1} folgt daraus $3 > 1$, was sicher richtig ist.

Für einen allgemeinen Radikanden r führt obige Rechnung zu $r > 1$, die Folge der n-ten Wurzeln fällt also nur, wenn der Radikand größer als 1 ist. Auf gleichem Weg kann nachgewiesen werden, dass sie für $0 < r < 1$ monoton wächst. Für $r = 1$ ist die Folge konstant.

Beispiel 4: Die Folge $\left\langle \dfrac{2}{3}, \dfrac{4}{9}, \dfrac{8}{27}, \dfrac{16}{81}, \dfrac{32}{243}, ... \right\rangle$ mit $a^n = \left(\dfrac{2}{3}\right)^n$ ist offensichtlich (streng) monoton fallend. Das bestätigt auch die folgende Rechnung, bei welcher die Ungleichung nur mit $\left(\dfrac{2}{3}\right)^{-n}$ multipliziert werden muss:

$$\left(\frac{2}{3}\right)^n < \left(\frac{2}{3}\right)^{n-1} \Rightarrow \left(\frac{2}{3}\right)^{n-n} < \left(\frac{2}{3}\right)^{n-1-n} \Rightarrow \left(\frac{2}{3}\right)^0 = 1 < \left(\frac{2}{3}\right)^{-1} = \frac{3}{2}, \text{ denn}$$

$$\left(\frac{z}{n}\right)^{-1} = \left(\frac{n}{z}\right) \text{ (Kehrwertregel).}$$

1.3 PASCALsches Dreieck und Binomialkoeffizienten

In diesem Unterabschnitt werden das *PASCALsche Dreieck* und die in seinen Schrägzeilen enthaltenen, von Binomialkoeffizienten gebildeten monoton wachsenden Folgen vorgestellt.

Zwar nicht vom französischen Philosophen und Mathematiker Blaise PASCAL „erfunden", aber durch ihn bekannt gemacht worden ist das folgende Zahlendreieck:

$$
\begin{array}{c}
1 \\
1 \quad 1 \\
1 \quad 2 \quad 1 \\
1 \quad 3 \quad 3 \quad 1 \\
1 \quad 4 \quad 6 \quad 4 \quad 1 \\
1 \quad 5 \quad 10 \quad 10 \quad 5 \quad 1 \\
1 \quad 6 \quad 15 \quad 20 \quad 15 \quad 6 \quad 1 \\
1 \quad 7 \quad 21 \quad 35 \quad 35 \quad 21 \quad 7 \quad 1 \\
1 \quad 8 \quad 28 \quad 56 \quad 70 \quad 56 \quad 28 \quad 8 \quad 1
\end{array}
$$

Sein Bildungsgesetz lautet: Die singuläre 1 an der Spitze bildet die nullte Zeile; die erste symmetrische Zeile ($n = 1$) enthält zweimal die 1, womit auch jede weitere symmetrische Zeile beginnt und endet. Dazwischen stehen jeweils die Summen der beiden darüber stehenden Zahlen. Nach dieser Regel lässt sich das Dreieck unbegrenzt weiterentwickeln, wodurch in den k *Schrägzeilen* unendliche Zahlenfolgen entstehen, z. B. in der <u>nullten</u> Schrägzeile eine konstante Folge ($a_n = 1$) und in der ersten Schrägzeile die Folge der natürlichen Zahlen ($a_n = n$). Ab $k = 1$ sind alle Folgen streng monoton wachsend. Die wichtigste Eigenschaft des PASCALschen Dreiecks besteht darin, dass in seiner n-ten (symmetrischen) Zeile die Koeffizienten der entwickelten Binompotenz $(x + y)^n$ stehen, wofür $(x + y)^1 = 1.x + 1.y$, $(x + y)^2 = 1.x^2 + 2.xy + 1.y^2$ und $(x + y)^3 = 1.x^3 + 3.x^2y + 3.xy^2 + 1.y^3$ die einfachsten Beispiele sind.

Für diese als *Binomialkoeffizienten* bezeichneten Zahlen ist das Symbol $\binom{n}{k}$, gespr. „n über k", eingeführt worden, dessen Zahlenwert sich nach einer Formel berechnet, in welcher Faktorielle die entscheidende Rolle spielen:

$$\binom{n}{k} = \frac{n!}{k!(n-k)!} = \frac{n.(n-1)...(n-k+1).(n-k)!}{k!(n-k)!} = \frac{n...(n-k+1)}{k!}$$

Aus dem Bau dieser Formel ergeben sich sofort die Symmetrie-Beziehung $\binom{n}{k} = \binom{n}{n-k}$ sowie die für spezielle k geltenden Formeln

$$\binom{n}{0} = \binom{n}{n} = 1 \qquad \binom{n}{1} = n \qquad \binom{n}{2} = \frac{n.(n-1)}{2}$$

Für die monoton wachsenden Folgen in der 1. bis k-ten Schrägzeile des PASCALschen Dreiecks gilt das Bildungsgesetz $a_n = \binom{n+k-1}{k}$, wie leicht zu überprüfen ist.

1.4 Binomischer Lehrsatz und vollständige Induktion

Die Einführung der Binomialkoeffizienten ermöglicht es, den (allgemeinen) *binomischen Lehrsatz* zu formulieren und anhand seiner Verifizierung einen *Beweis durch vollständige Induktion* vorzustellen.

$$(x + y)^n = \binom{n}{0}.x^n y^0 + \binom{n}{1}.x^{n-1}y^1 + ... \binom{n}{n-1}.x^1 y^{n-1} + \binom{n}{n}.x^0 y^n$$

Analog zum Produktsymbol (UA 1.1) haben die Mathematiker auch ein *Summensymbol* eingeführt, das im Weiteren häufig Verwendung finden wird. Mit diesem Symbol kann der binomische Lehrsatz wie folgt beschrieben werden:

$$(x + y)^n = \sum_{k=0}^{n} \binom{n}{k}.x^{n-k}y^k$$

Beweis – Vollständige Induktion: Gesetzmäßigkeiten, welche natürl. Zahlen betreffen, werden gerne durch vollständige Induktion bewiesen. (*Induktion*: Schluss vom Besonderen zum Allgemeinen; das Gegenteil ist die *Deduktion*, die den Einzelfall aufgrund genereller Regeln beurteilt.) In einem ersten Schritt wird nachgewiesen, dass eine bestimmte Regel (Formel) für einen bestimmten Index $i \in N$ (i. A. bereits für $i = 1$) gilt. In einem zweiten Schritt wird bewiesen, dass die Regel (Formel) unter der *Induktionsvoraussetzung*, dass sie für $n - 1$ (oder n) gilt auch für die nächsthöhere natürl. Zahl n (bzw. $n + 1$) gilt. Der Beweisgedanke besteht darin, die Zahl $n - 1$ (oder n) zunächst mit i zu identifizieren, wofür die Regel (Formel) gemäß Schritt 1 gilt; gemäß dem Beweis nach Schritt 2 gilt sie dann auch für die nächsthöhere natürl. Zahl, usw., also schlussendlich für alle natürl. Zahlen.

Dass der binomische Lehrsatz für $n = 1$ gilt ist belegt. Die Induktionsvoraussetzung besteht darin, dass

$$(x + y)^{n-1} = \sum_{k=0}^{n-1} \binom{n-1}{k}.x^{n-1-k}y^k$$

gilt und zur Berechnung von $(x + y)^n = (x + y)^{n-1}.(x + y)$ herangezogen werden darf:

$$(x + y)^n = (\sum_{k=0}^{n-1} \binom{n-1}{k}.x^{n-1-k}y^k).x + (\sum_{k=0}^{n-1} \binom{n-1}{k}.x^{n-1-k}y^k).y =$$

$$= x^n + \left[\binom{n-1}{0} + \binom{n-1}{1}\right].x^{n-1}y + \left[\binom{n-1}{1} + \binom{n-1}{2}\right].x^{n-2}y^2 + \ldots + y^n$$

Das ist der oben genannte binomische Lehrsatz, sofern die in den eckigen Klammern stehenden Summen mit den Binomialkoeffizienten $\binom{n}{1}, \binom{n}{2}, \binom{n}{3}$ usw. übereinstimmen, was die folgende allgemeine

Rechnung belegt: $\binom{n-1}{k-1} + \binom{n-1}{k} = \dfrac{(n-1)!}{(k-1)!(n-k)!} + \dfrac{(n-1)!}{k!(n-k-1)!} =$

$= \dfrac{k.(n-1)! + (n-k).(n-1)!}{k!(n-k)!} = \dfrac{(k+n-k).(n-1)!}{k!(n-k)!} = \dfrac{n!}{k!(n-k)!} = \binom{n}{k}$

Neben dem binomischen Lehrsatz spielen Binomialkoeffizienten in der Kombinatorik – als Anzahl der verschiedenen aus einer Menge von n Elementen zu bildenden Teilmengen mit je k Elementen – und in der Wahrscheinlichkeitsrechnung eine Rolle.

1.5 Beschränkte Folgen; Infimum und Supremum

Eine unendliche Folge heißt *beschränkt*, wenn es Zahlen u, o gibt, sodass gilt: $u \leq a_n \leq o$ $\forall$ n $\in$ N. u und o nennt man dann (eine) *untere Schranke* bzw. (eine) *obere Schranke* der Folge $\langle a_n \rangle$. Die größte untere Schranke u* heißt *Infimum*, die kleinste obere Schranke o* heißt *Supremum* der Folge.

Von den Folgen 1 bis 12 (UA 1.1) sind die beiden ersten und die beiden letzten nach oben hin unbeschränkt, die 3. ist nach unten hin unbeschränkt, somit sind diese fünf Folgen *unbeschränkte Folgen*. Die 4. Folge hat 9 als Supremum und 0 als Infimum. (Die Null tritt erstmals als 32. Dezimale von π auf.) Bei der 5. Folge fallen, wie bei jeder konstanten Folge, Infimum und Supremum zusammen: u* = o* = 1. Für die 6. Folge gilt u* = -1 und o* = 1. Die Glieder der 7. Folge liegen alle zwischen $u^* = -\dfrac{1}{2}$ und $o^* = \dfrac{1}{4}$.

Die restlichen drei Folgen sind offenbar alle beschränkt, die Zahlenwerte in der monoton wachsenden Folge bleiben alle unter o = 1 und die Zahlenwerte in den beiden monoton fallenden bleiben alle über u = 1, wie im Zweifel auch durch das Auflösen von Ungleichungen verifiziert werden kann.

Beispiel 1: Die Zahl 1 ist dann eine obere Schranke der Folge $\left\langle \dfrac{n}{n+1} \right\rangle$, wenn die Ungleichung $\dfrac{n}{n+1} < 1 \Rightarrow n < n+1$ (oder $0 < 1$) für alle $n \in N$ richtig ist, was offensichtlich zutrifft. 1 ist aber nur dann auch das Supremum, wenn keine unter 1 liegende obere Schranke existiert, was wie folgt indirekt bewiesen werden kann: Gäbe es für die wachsende Folge $\left\langle \dfrac{n}{n+1} \right\rangle$ eine unter 1 liegende obere Schranke, so müsste diese in der Form $o = 1 - \varepsilon$ mit $\varepsilon > 0$ darstellbar sein und die Ungleichung $\dfrac{n}{n+1} \le 1 - \varepsilon$ müsste für alle n gelten. Durch Umformen ergibt sich daraus $n \le n + 1 - n\varepsilon - \varepsilon \Rightarrow n\varepsilon \le 1 - \varepsilon \Rightarrow n \le \dfrac{1}{\varepsilon} - 1$. Das stimmt aber offenbar nicht für alle natürlichen Zahlen, im Falle von $\varepsilon = 0{,}001$ nur für $n = 1$ bis $n = 999$. Die Folge hat daher das Supremum $o^* = 1$.

Beispiel 2: Die Rechnung $\sqrt[n]{3} > 1 \Rightarrow 3 > 1^n$ für alle $n \in N$ beweist, dass 1 eine untere Schranke der Wurzelfolge $\left\langle \sqrt[n]{3} \right\rangle$ ist. Der indirekte Beweis, dass 1 das Infimum ist, verlangt Kenntnisse über das Auflösen einer Exponentialgleichung durch Logarithmieren; für die Zahlenauswertung mittels Taschenrechner sind solche allerdings nicht notwendig: Sei $\sqrt[n]{3} \ge 1 + \varepsilon \Rightarrow \log 3^{\frac{1}{n}} \ge \log(1 + \varepsilon) \Rightarrow \dfrac{1}{n} \cdot \log 3 \ge \log(1 + \varepsilon) \Rightarrow \dfrac{1}{n} \ge \dfrac{\log(1+\varepsilon)}{\log 3} \Rightarrow n \le \dfrac{\log 3}{\log(1+\varepsilon)}$. Für $\varepsilon = 0{,}001$ kommt n $\le 1099{,}1615...$, ab $n = 1100$ ist der obige Ansatz falsch, a_{1100} und alle weiteren Folgeglieder sind kleiner als $1{,}001$. Für jedes noch so kleine ε ergibt der Ansatz ein n, ab dem er falsch ist. Für die Folge $\left\langle \sqrt[n]{3} \right\rangle$ ist also $u^* = 1$.

Beispiel 3: Für die Folge $\left\langle \dfrac{3-2n}{3n+4} \right\rangle = \left\langle \dfrac{1}{7}, -\dfrac{1}{10}, -\dfrac{3}{13}, -\dfrac{5}{16}, -\dfrac{7}{19}, ... \right\rangle$ ist -1 ganz sicher eine untere Schranke, $-\frac{1}{2}$ hingegen nicht: $\frac{3-2n}{3n+4} > -1 \Rightarrow 3$

$- 2n > -3n - 4 \Rightarrow n > -7 \; \forall \; n \in N.$ $\frac{3-2n}{3n+4} > -\frac{1}{2} \Rightarrow 6 - 4n > -3n - 4 \Rightarrow$

$10 > n$, die Ungleichung stimmt nur für a_1 bis a_9. Versuchen wir es

mit $-\frac{3}{4} : \frac{3-2n}{3n+4} > -\frac{3}{4} \Rightarrow 12 - 8n > -9n - 12 \Rightarrow n > -24 \; \forall \; n \in N.$ Das

Infimum dürfte also größer als $-\frac{3}{4}$ sein. Die Berechnung von $a_{1000} \approx -$

$0,665$ lässt $u^* = -\frac{2}{3}$ vermuten, was sich durch die in UA 2.5 ange-

stellten Überlegungen (Grenzwertrechnung) bestätigen wird.

1.6 Vorschläge zum Selbermachen

A) Die ersten fünf Glieder einer Folge aus dem Bildungsgesetz ablei-
ten und diese Folge verbal beschreiben: **a)** $a_n = n^{-1}$, **b)** $a_n = 2n - 1$, **c)**
$a_n = \sqrt{n}$, **d)** $a_1 = 2$, $a_n = a_{n-1} + 2$.

B) Die ersten 24 Glieder der Folge der Anzahl der Teiler von n (Beispiel 11 aus UA 1.1) angeben.

C) Ein Bildungsgesetz angeben: **a)** $\langle -1, 2, -3, 4, -5, \ldots \rangle$, **b)**
$\langle 1, 4, 7, 10, 13, \ldots \rangle$, **c)** $\langle 1, \sqrt{2}, \sqrt[3]{3}, \sqrt[4]{4}, \sqrt[5]{5}, \ldots \rangle$, **d)** $\langle 1, 4, 18, 96, 600, \ldots \rangle$.

D) Die ersten fünf Glieder der Folgen $\langle n^4 \rangle$ und $\langle 10n^3 - 35n^2 + 50n$
$- 24 \rangle$ berechnen. Was lässt sich aus dem Ergebnis schlussfolgern?

Anmerkung: Die beiden Folgen finden sich als Beisp. 683 in dem im
Literaturverzeichnis angegebenen Mathematik-Lehrbuch von REI-
CHEL-MÜLLER-LAUB-HANISCH für die 6. Klasse (10. Schulstu-
fe). Daraus empfing ich die Anregung zu folgender Aussage: „Jeder
endlichen Anzahl n von Folgegliedern lässt sich immer ein Polynom
(n − 1)-ten Grades als ein zugehöriges Bildungsgesetz zuordnen."
Denn aus dem unbestimmten Ansatz $a_i = x_1 \cdot i^{n-1} + x_2 \cdot i^{n-2} + \ldots + x_{n-1} \cdot i +$
x_n lässt sich ein System von n linearen Gleichungen in n Variablen
bilden und daraus können die Koeffizienten $x_1, x_2, \ldots, x_n$ des genannten Polynoms berechnet werden. Im vorliegenden Fall handelt es sich
um das Gleichungssystem

$$x_1.1^3 + x_2.1^2 + x_3.1 + x_4 = \quad a + \quad b + \ c + d = \quad 1$$
$$x_1.2^3 + x_2.2^2 + x_3.2 + x_4 = \quad 8a + \ 4b + 2c + d = \ 16$$
$$x_1.3^3 + x_2.3^2 + x_3.3 + x_4 = 27a + \ 9b + 3c + d = \ 81$$
$$x_1.4^3 + x_2.4^2 + x_3.4 + x_4 = 64a + 16b + 4c + d = 256$$

E) Ein Bildungsgesetz $a_n = an^2 + bn + c$ für eine mit $\langle 2, 4, 8, \ldots \rangle$ beginnende Folge berechnen.

F) Das Polynom 4. Grades, welches als Bildungsgesetz für eine mit $\langle 1, 4, 18, 96, 600, \ldots \rangle$ beginnende Folge in Frage kommt, berechnen. (Man vergleiche mit der für Aufgabe **1Cd** angegebenen Lösung.)

G) Die ersten sechs Glieder der Folge mit dem Bildungsgesetz $a_1 = -1$, $a_n = a_{n-1} + (n - 2)$ angeben. Bemerkung: Ab a_3 beschreibt die Folge die Anzahl der Diagonalen in allen (regelm.) n-Ecken, siehe z. B. IRdG I, Seite 40.

H) Monotones Fallen nachweisen: **a)** $\left\langle \dfrac{5n+1}{3n-2} \right\rangle$, **b)** $\left\langle \dfrac{n^2+2}{n^2} \right\rangle$

I) Monotones Wachsen nachweisen: **a)** $\left\langle \dfrac{4n-2}{3n+1} \right\rangle$, **b)** $\left\langle \dfrac{2n^2-3}{n^2+3} \right\rangle$

J) Ein explizites Bildungsgesetz der Folge $\langle 1, 7, 28, \ldots \rangle$ aus der 6. Schrägzeile des PASCALsches Dreiecks angeben sowie deren 4., 5. und 6. Glied berechnen.

K) Das Bildungsgesetz $a_n = \dfrac{(n-3).n}{2}$ der unter **G)** genannten Folge durch vollständige Induktion (Schluss von a_{n-1} auf a_n) beweisen.

L) Ist **a)** $\dfrac{4}{3}$, **b)** $\dfrac{5}{3}$ eine obere Schranke der Folge $\left\langle \dfrac{3n}{2n+5} \right\rangle$?

M) Ist **a)** $\dfrac{3}{2}$, **b)** 1 eine untere Schranke der Folge $\left\langle \dfrac{8n+1}{6n-3} \right\rangle$?

N) Zu beweisen: **a)** Für $a_n = \dfrac{n}{n+1}$ ist 1 das Supremum. **b)** Für $a_n = \dfrac{n+2}{2n}$ ist $\dfrac{1}{2}$ das Infimum.

2. Konvergente Folgen und ihre Grenzwerte

Wenn eine unendliche Folge $\langle a_n \rangle$ einem bestimmten endlichen Zahlenwert a zustrebt, dann nennt man sie *konvergent* und a ist ihr *Grenzwert*. Konstante Folgen sind Sonderfälle konvergenter Folgen. Konvergente Folgen mit dem Grenzwert 0 heißen *Nullfolgen*. Alle nicht konvergenten Folgen werden als *divergente Folgen* bezeichnet.

Symbolisch wird das Konvergieren (von lat. convergere „sich hinneigen") einer Zahlenfolge gegen einen Grenzwert a mit $\langle a_1, a_2, a_3, a_4, a_5, ... \rangle$ → a oder $\langle a_n \rangle$ → a bzw. durch das *Grenzwertsymbol* $\lim\limits_{n \to \infty} a_n = a$, gespr. „der Limes für n gegen unendlich von a_n ist a" angezeigt. *Limes* ist das lat. Vokabel für „Grenze", der Pfeil signalisiert, dass n über alle Grenzen gehen, also „unendlich groß" werden soll; ∞ ist das mathematische Symbol für „unendlich", aber keine Zahl, mit der man rechnen kann.

Der Grenzwertbegriff ist der zentrale Begriff der gesamten *Infinitesimalrechnung*, welcher in den Naturwissenschaften und in der Technik eine beherrschende Rolle zukommt. Das wird wegen des von LEIBNIZ und NEWTON unabhängig voneinander gegen Ende des 17. Jahrhunderts entwickelten Kalküls, welches ein mechanisches Berechnen von Differentialquotienten und bestimmten Integralen ermöglicht, gerne vergessen. Für einen verständnisvollen Zugang zu dieser Materie ist es aber unabdingbar, den Grenzwertbegriff anhand konvergenter Zahlenfolgen, wo er in seiner reinsten Form auftritt, zu „verinnerlichen".

2.1 Anschauliche Begriffsfestigung

Den besten Einstieg dazu liefert die Anschauung bzw. die Darstellung einer größeren Anzahl von Folgegliedern durch Dezimalzahlen, wofür heutzutage der Taschenrechner eine wertvolle Hilfe leistet.

Von den in UA 1.1 angeführten Beispielen sind die ersten vier und die letzten zwei Folgen ganz offensichtlich divergent, und die konstante Folge von Beisp. 5 hat trivialerweise die Zahl 1 auch als Grenzwert.

Die oszillierende Folge von Beisp. 6 lässt sich in zwei konstante Teilfolgen mit verschiedenen Grenzwerten 1 und -1 „zerlegen"; in so einem Fall hat die Gesamtfolge keinen Grenzwert, ist also divergent. Das muss bei oszillierenden Folgen aber nicht so sein, wie Beisp. 7 zeigt: Für die beiden Teilfolgen gilt ganz offensichtlich

$$\left\langle -\frac{1}{2}, -\frac{1}{8}, -\frac{1}{32}, -\frac{1}{128}, -\frac{1}{512} \ldots \right\rangle \to 0 \text{ und } \left\langle \frac{1}{4}, \frac{1}{16}, \frac{1}{64}, \frac{1}{256}, \frac{1}{1024} \ldots \right\rangle \to 0$$

Daher strebt auch die ganze Folge dem Grenzwert 0 zu, ist also, wie jede der beiden Teilfolgen, eine Nullfolge. Besonders anschaulich ist die *graphische Darstellung* einer Folge auf der *Zahlengeraden*, hier anhand der Folge von Beisp. 7 vorgeführt:

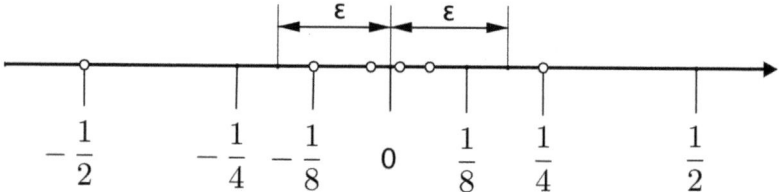

Zur Folge von Beisp. 8 kann mit dem Taschenrechner leicht überprüft werden, dass diese monoton auf den Grenzwert 1 zufällt, und das gilt, wie in Abschn. 1 bereits ausgeführt, für Folgen mit dem Bildungsgesetz $a_n = \sqrt[n]{r}$ ganz allgemein: Für $0 < r < 1$ sind diese Wurzelfolgen monoton wachsend, für $r > 1$ monoton fallend und für $r = 1$ konstant; in jedem Fall ist 1 der Grenzwert.

Auch die in den Beisp. 9 und 10 vorgestellten Folgen konvergieren gegen den Grenzwert 1, die eine von unten und die andere von oben. Bei ihnen ist das $f(n)$ in $a_n = f(n)$ ein rational gebrochener Term. Für alle Folgen dieser Art lässt sich auf einen Blick entscheiden, ob sie divergent oder konvergent sind, und gegebenenfalls führt eine einfache Rechnung zum Grenzwert. Näheres dazu enthält UA 2.5.

2.2 Zwei triviale Grenzwertsätze

„Trivial" ist für den Mathematiker etwas Selbstverständliches, etwas, das sich „aus sich selbst heraus" versteht. Der Begriff leitet sich vom *Trivium* ab, in welchem die Antike die literarischen Fächer Dialektik, Grammatik und Rhetorik zusammengefasst hat, während die mathematischen Fächer Arithmetik, Geometrie, Astronomie und Musik(theorie) das *Quadrivium* bildeten. Das den Mathematikern selbstverständlich erscheinende Trivium und das Quadrivium bilden zusammen die sieben *Freien Künste* (lat. artes liberales), die in den mittelalterlichen Universitäten in der Artistenfakultät (heute: Philosophische Fakultät) gelehrt worden sind.

In diesem Sinne kann der folgende Satz, insbesondere mit Blick auf die graphische Darstellung einer solchen Folge, als trivial gelten:

Satz 1: Jede unendliche, monoton wachsende oder fallende und beschränkte Folge ist konvergent.

Hinsichtlich des Grenzwerts bietet es sich an, bei monoton wachsenden Folgen das Supremum o* und bei monoton fallenden Folgen das Infimum u* damit zu identifizieren, und bei allen in diesem Büchlein enthaltenen Beispielen dieser Art ist das auch so. Es lassen sich allerdings unendliche, monotone und beschränkte Folgen konstruieren, für die eine derartige Aussage nicht getroffen werden kann.

Wenn sich eine nicht monotone Folge in zwei monotone unendliche *Teilfolgen* zerlegen lässt und diese zusammen alle Elemente der Gesamtfolge enthalten, wie durch Beisp. 7 aus UA 1.1 veranschaulicht, so gilt trivialerweise der folgende

Satz 2: Eine nicht monotone Folge konvergiert gegen den Grenzwert a, wenn sie sich vollständig in zwei monotone unendliche Teilfolgen zerlegen lässt, die beide dem Grenzwert a zustreben.

Weitere Beispiele bilden die Quotientenfolgen der FIBONACCI-Zahlen (Abschn. 4) und die Partialsummenfolge von Beisp. 1 in UA 5.5.

2.3 Irrationale Zahlen als Grenzwerte

Der Lehrsatz des PYTHAGORAS bzw. seine Anwendung brachte im 5. vorchristlichen Jahrhundert das alte Weltbild der Griechen zum Einsturz, nach dem die Welt aus einem durch rationale Zahlen geordneten Ganzen besteht. Bis dahin war man davon ausgegangen, dass zwei oder mehrere Größen (Zahlen) immer *kommensurabel* sind, d. h. dass sie durch eine weitere Größe (Zahl) immer ohne Rest teil- oder messbar sind, dass sie also immer in einem rationalen Verhältnis zueinander stehen. Nun stehen aber z. B. Seiten- und Diagonalenlänge des Quadrats im Verhältnis $1 : \sqrt{2}$ zueinander, die beiden Strecken sind *inkommensurabel*. Das Mysterium spiegelt sich auch in den Zahlenbezeichnungen wider: Während die ganzen und die Bruchzahlen verstandesmäßig gut erfassbar sind und daher *rationale Zahlen* (von lat. ratio „Vernunft", „Verstand") genannt werden, handelt es sich bei den nicht als Brüche oder periodische Dezimalzahlen darstellbaren um *irrationale Zahlen*, die „unbegreiflich" sind.

Dass z. B. $\sqrt{2}$ keine rationale Zahl ist, das belegt der folgende indirekte Beweis, bei dem zunächst das Gegenteil angenommen wird, dass also $\sqrt{2}$ ein Bruch mit teilerfremdem Zähler z und Nenner n ist: $\sqrt{2} = \frac{z}{n} \Rightarrow 2 = \frac{z^2}{n^2} \Rightarrow 2n^2 = z^2$. Demnach ist z^2 und damit auch z eine gerade Zahl: $z = 2z_1$. Oben eingesetzt: $2n^2 = 4z_1^2 \Rightarrow n^2 = 2z_1^2$. Also ist auch n eine gerade Zahl, und das ist ein Widerspruch zur Voraussetzung teilerfremder Zähler und Nenner.

Im Mathematikunterricht der Höheren Schulen wird zumeist kein großes Getue darum gemacht, dass mit irrationalen Zahlen nicht gerechnet werden kann, sondern nur mit rationalen Näherungswerten von ihnen. Mit rationalen Zahlen kann hingegen in ihrer Bruchform immer exakt gerechnet werden, weshalb das Bruchrechnen (trotz der Taschenrechner) zu den wichtigsten mathematischen Fertigkeiten gehört. Ebenso rechnet der Fachmann statt mit rationalen Näherungswerten irrationaler Zahlen möglichst lang mit den zugehörigen Symbolen (z. B. $\sqrt{2}$, π, e), und zwar so wie mit Variablen, was eine wenig beachtete Anwendung der „Buchstabenrechnung" darstellt.

Erst an der Universität wird der Mathematikstudent damit konfrontiert, dass **irrationale Zahlen überhaupt nur als Grenzwerte existieren, und zwar als Grenzwerte von unendlichen Folgen rationaler Näherungswerte.** Die einfachsten Beispiele dafür sind die monoton wachsenden Folgen, die sich aus der Dezimalendarstellung ergeben, z. B. $\langle 1,4; 1,41; 1,414; 1,4142; 1,41421; ...\rangle \rightarrow \sqrt{2} = 1,41421...$

2.4 Die Kreiszahl π als Grenzwert verschiedener Folgen

Während die meisten Wurzeln *algebraische irrationale Zahlen* sind, ist die *Kreiszahl* π (pi, von griech. perimetros „Umfang" abgeleitet) eine *transzendente irrationale Zahl*, weil sie sich durch einen algebraischen Ausdruck nicht darstellen lässt. (Den Beweis dazu hat erst 1882 der deutsche Mathematiker LINDEMANN erbracht. Er hat damit auch nachgewiesen, dass die „Quadratur des Kreises", also die Konstruktion eines zum Kreis flächengleichen Quadrats mit Zirkel und Lineal nicht möglich ist.)

Schon ARCHIMEDES hat viel Zeit dafür aufgewendet, Näherungswerte für den Faktor π = 3,14159... zu berechnen, mit dem ein Kreisdurchmesser d multipliziert werden muss, um zum Kreisumfang zu gelangen (u = dπ = 2rπ) bzw. mit dem r^2 multipliziert werden muss, um die Maßzahl der Kreisfläche zu bekommen (A = r^2π).

Die von ihm angewendete Methode besteht darin, einem Kreis Vielecke einzuschreiben und zu umschreiben, um anhand von deren (berechenbaren) Umfängen und Flächeninhalten die Zahl π einzugrenzen. So fand der geniale Mathematiker anhand eines 96-Ecks heraus, dass π zwischen $\dfrac{223}{71}$ = 3,14084... und $\dfrac{22}{7}$ = 3,14285... liegt.

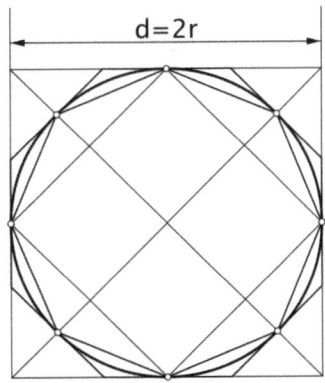

Der Schulunterricht greift auch heute noch auf diese Methode zurück, beschränkt sich aber auf regelmäßige Vielecke und auf Kreise mit dem Durchmesser d = 1, wenn die Umfänge als Näherungswerte herangezogen werden, bzw. mit dem Radius r = 1 beim Flächenvergleich. In der umseitig gezeigten Figur grenzen die Flächeninhalte der beiden Quadrate die Zahl π zwischen 2 und 4 ein.

In IRdG I werden auf Seite 48 Näherungswerte von π anhand der Umfänge eingeschriebener und umschriebener regelm. Vielecke berechnet. Die entsprechenden Maßzahlen sind aber größtenteils auch schon irrational, bilden also keine Folgen rationaler Näherungswerte. Man müsste vielmehr bereits die Maßzahlen für Umfang oder Flächeninhalt durch rationale Näherungswerte ersetzen, um diese Bedingung zu erfüllen. So geschehen in den beiden nachstehend angegebenen Folgen, welche sich auf die Flächeninhalte des eingeschriebenen und des umschriebenen Quadrats, regelm. 8-Ecks, regelm. 16-Ecks, regelm. 32-Ecks, regelm. 64-Ecks und regelm. 128-Ecks für r = 1 beziehen. (Die Zahlen sind dem Buch „Matheliebe" – siehe Literaturverzeichnis – entnommen.)

$$\langle 2;\ 2,8;\ 3,06;\ 3,121;\ 3,1365;\ 3,14033;\ ... \rangle \rightarrow \pi = 3,14159...$$
$$\langle 4;\ 3,3;\ 3,18;\ 3,152;\ 3,1441;\ 3,14222;\ ... \rangle \rightarrow \pi = 3,14159...$$

Die Goldene Zahl Φ und die EULERsche Zahl e sind noch zu behandelnde weitere (und bessere) Beispiele zu diesem Thema.

Schlussbemerkung: Die auch als Redensart für etwas nicht Machbares gebrauchte „Quadratur des Kreises" gehört zu den drei *Delischen Problemen* der Antike, die sich einer konstruktiven Lösung mit Zirkel und Lineal widersetzen. Die beiden anderen sind die „Verdoppelung des Würfels" und die „Dreiteilung des Winkels".

2.5 Folgen mit rational gebrochenem Funktionsterm

Die folgende Methode zur Berechnung von Grenzwerten fußt einmal auf der Tatsache, dass alle Folgen der Form $\left\langle \dfrac{1}{n} \right\rangle, \left\langle \dfrac{1}{n^2} \right\rangle, \left\langle \dfrac{1}{n^3} \right\rangle$ usw. Nullfolgen sind, und zweitens darauf, dass ein Grenzübergang in einzelne Grenzübergänge „zerlegt" werden kann in dem Sinn, dass der Grenzwert einer Summe als Summe der Grenzwerte der Summanden und der Grenzwert eines Produkts als Produkt der Grenzwerte der Faktoren berechnet werden kann. (Ohne Beweis, Beispiele siehe UA 2.7.) Gleiches gilt für Differenzen und Quotienten:

$$\lim_{n \to \infty}(a_n \pm b_n) = \lim_{n \to \infty}a_n \pm \lim_{n \to \infty}b_n \quad \text{und} \quad \lim_{n \to \infty}\frac{a_n}{b_n} = \frac{\lim_{n \to \infty}a_n}{\lim_{n \to \infty}b_n}$$

Beispiel 1: Die Methode soll zunächst an einer Folge erläutert werden, deren Grenzwert wir schon kennen, nämlich $\left\langle \dfrac{n}{n+1}\right\rangle \to 1$. Wir formen den Funktionsterm zunächst durch Multiplikation (Erweiterung) von Zähler und Nenner mit $\dfrac{1}{n}$ um, wodurch sich an den von ihm ausgedrückten konkreten Zahlenwerten nichts ändert, und wenden dann die obigen Formeln an:

$$\lim_{n \to \infty}\frac{n}{n+1} = \lim_{n \to \infty}\frac{1}{1+\dfrac{1}{n}} = \frac{\lim_{n \to \infty}1}{\lim_{n \to \infty}(1+\dfrac{1}{n})} = \frac{\lim_{n \to \infty}1}{\lim_{n \to \infty}1 + \lim_{n \to \infty}\dfrac{1}{n}} = \frac{1}{1+0} = 1$$

Beispiel 2: In der Praxis wird auf die obige, den Vorgang genau nachvollziehende Schreibweise weitgehend verzichtet bzw. diese nur „dazugedacht", wie das folgende Beispiel zeigen soll:

$$\lim_{n \to \infty}\frac{n^2 + n}{2n^2 + 1} = \lim_{n \to \infty}\frac{1+\dfrac{1}{n}}{2+\dfrac{1}{n^2}} = \frac{1+0}{2+0} = \frac{1}{2}$$

Da diese Folge relativ langsam konvergiert ist ihr Grenzwert aus der Entwicklung von ein paar Anfangsgliedern kaum ablesbar. Allerdings macht bereits $a_{100} \approx 0{,}505$, mehr noch $a_{1000} \approx 0{,}5005$ das Ergebnis der Rechnung plausibel.

Allgemeines „Rezept": Sofern Zähler- und Nennerpolynom – wie bei den Beisp. 1 und 2 – vom gleichen Grad sind, werden beide Polynome mit dem Kehrwert der (gleichen) höchsten Potenz von n erweitert, wodurch sich am Wert des Terms f(n) nichts ändert, und dann der Grenzübergang $n \to \infty$ durchgeführt. Sind die Grade g_Z und g_N hingegen verschieden, dann erübrigt sich jegliche Rechnung: Für

$g_Z > g_N$ ist die Folge divergent und für $g_Z < g_N$ handelt es sich um eine Nullfolge, wie aus folgenden Beispielen ersichtlich:

Beispiel 3: Werden Zähler und Nenner in $\dfrac{2n^3 + n}{3n^2 - 1}$ mit $\dfrac{1}{n^2}$ erweitert, dann geht der Nenner mit zunehmendem n zwar gegen 3, der Zähler und damit der ganze Term hingegen über alle Grenzen.

Beispiel 4: Werden Zähler und Nenner in $\dfrac{3n^2 - 1}{2n^3 + n}$ mit $\dfrac{1}{n^2}$ erweitert, dann geht der Zähler mit zunehmendem n zwar gegen 3, der Nenner hingegen über alle Grenzen und der ganze Term daher gegen 0.

2.6 Grenzwerte und Häufungswerte

Das in der Sprache der Wissenschaft formulierte allgemeine Kriterium für Konvergenz und Grenzwert lautet wie folgt:

> **Eine unendliche Zahlenfolge ist dann und nur dann konvergent mit der Zahl a als Grenzwert, wenn in jeder auch noch so kleinen ε-Umgebung von a fast alle Glieder der Folge liegen.**

Ein *Kriterium* ist eine für die Begründung eines Sachverhalts notwendige und hinreichende Bedingung. Das wird mit der Floskel „dann und nur dann" oder „genau dann" ausgedrückt. Triviale Beispiele: Zum Fernsehen ist ein Fernsehgerät notwendig, aber nicht hinreichend, weil z. B. auch ein Stromanschluss gebraucht wird. Um bei Regen nicht nass zu werden ist ein Regenschirm hinreichend, aber nicht notwendig, weil man sich ja auch irgendwo unterstellen oder überhaupt zuhause bleiben kann.

In der Graphik von UA 2.1 ist eine ε-Umgebung (gespr. „*Epsilon-Umgebung*") von a = 0 eingezeichnet, das ist – dort ersichtlich – ein von den Zahlen a − ε und a + ε begrenzter Zahlenbereich auf der Zahlengeraden. Dieses ε > 0 wurde in UA 1.5 bei den Rechnungen zum Nachweis eines Supremums/Infimums bereits vorweggenommen, begründet dort aber nur die für monotone Folgen relevante Hälfte einer ε-Umgebung.

Der allgemeine Ansatz lautet hingegen

$$a - \varepsilon < a_n < a + \varepsilon \Leftrightarrow -\varepsilon < a_n - a < \varepsilon$$

Das läuft auf zwei Ungleichungen $a_n - a < \varepsilon$ für $a_n > a$ und $a - a_n < \varepsilon$ für $a_n < a$ hinaus, von denen bei monotonen Folgen eine allgemeingültig ist und die andere jene n-Werte zu Lösungen hat, für welche $|a_n - a|$ kleiner als die gewählte Zahl $\varepsilon > 0$ ist. Eine Veranschaulichung auf der Zahlengeraden ist zweckdienlich.

Beispiel 1: Ab welchem Index n liegen alle Glieder der Folge $\left\langle \dfrac{2n^2 - 3}{n^2 + 3} \right\rangle$ innerhalb einer 0,001-Umgebung ihres Grenzwerts? Nach UA 2.5 ist a = 2.

a) $\dfrac{2n^2 - 3}{n^2 + 3} - 2 < \varepsilon \Rightarrow \dfrac{2n^2 - 3 - 2.(n^2 + 3)}{n^2 + 3} = \dfrac{-9}{n^2 + 3} < \varepsilon \; \forall \, n \in N$. Die Differenz $a_n - a$ ist für alle n negativ, d. h. alle Folgeglieder sind kleiner als der Grenzwert, die Folge wächst monoton.

b) $2 - \dfrac{2n^2 - 3}{n^2 + 3} < \varepsilon \Rightarrow \dfrac{2.(n^2 + 3) - (2n^2 - 3)}{n^2 + 3} = \dfrac{9}{n^2 + 3} < \dfrac{1}{1000} \Rightarrow 9000 <$ $n^2 + 3 \Rightarrow n^2 > 8997 \Rightarrow n > 94,85...$ Ab n = 95 liegen alle Folgeglieder um weniger als ein Tausendstel vom Grenzwert entfernt, $a_{95} \approx 1,999003$.

Beispiel 2: Ab welchem Index n liegen alle Glieder der Folge $\left\langle \dfrac{n^2 + n}{2n^2 + 1} \right\rangle$ innerhalb einer 0,001-Umgebung ihres Grenzwerts? Nach UA 2.5 ist a $= \dfrac{1}{2}$.

a) $\dfrac{n^2 + n}{2n^2 + 1} - \dfrac{1}{2} < \varepsilon \Rightarrow \dfrac{2.(n^2 + n) - (2n^2 + 1)}{2.(2n^2 + 1)} < \varepsilon \Rightarrow \dfrac{2n - 1}{4n^2 + 2} < \dfrac{1}{1000} \Rightarrow$ $2000n - 1000 < 4n^2 + 2 \Rightarrow 2n^2 - 1000n > -501 \Rightarrow 2n.(n - 500) > -501$ Das ist wegen $1000.0 = 0 > -501$ erst ab n = 500 der Fall, denn für n = 499 kommt noch 998.(-1) = -998 < -501.

b) $\dfrac{1}{2} - \dfrac{n^2 + n}{2n^2 + 1} < \varepsilon \Rightarrow \dfrac{2n^2 + 1 - 2.(n^2 + n)}{2.(2n^2 + 1)} < \varepsilon \Rightarrow \dfrac{1 - 2n}{2.(2n^2 + 1)} < \varepsilon \; \forall \, n \in N$.

Die Differenz $a - a_n$ ist für alle n negativ, d. h. alle Folgeglieder sind größer als der Grenzwert, die Folge fällt monoton.

Häufungswerte: „Fast alle Glieder der Folge" sind alle Glieder mit Ausnahme von endlich vielen. Diese sehr gut gewählte Floskel stellt darauf ab, dass es auch Zahlen geben kann, in deren ε-Umgebungen zwar unendlich viele, aber eben nicht „fast alle" Glieder einer Folge liegen.

Die Folge $\left\langle -\dfrac{1}{2}, \dfrac{2}{3}, -\dfrac{3}{4}, \dfrac{4}{5}, -\dfrac{5}{6}, \dfrac{6}{7}, ... \right\rangle$ mit dem Bildungsgesetz $a_n = (-1)^n \cdot \dfrac{n}{n+1}$ kann dafür als Beispiel dienen: Diese oszillierende Folge zerfällt in zwei konvergente Teilfolgen $\left\langle -\dfrac{1}{2}, -\dfrac{3}{4}, -\dfrac{5}{6}, -\dfrac{7}{8}, ... \right\rangle \to$ -1 und $\left\langle \dfrac{2}{3}, \dfrac{4}{5}, \dfrac{6}{7}, \dfrac{8}{9}, ... \right\rangle \to$ 1. In jeder ε-Umgebung von -1 und in jeder ε-Umgebung von 1 liegen unendlich viele Glieder der Gesamtfolge, aber eben nicht „fast alle". Die Folge ist divergent, die Zahlen $h_1 = $ -1 und $h_2 = $ 1 werden als deren *Häufungswerte* bezeichnet.

2.7 Vorschläge zum Selbermachen

A) Folgende Grenzwerte nach der Regel „Der Grenzwert einer Summe/Differenz ist die Summe/Differenz der Grenzwerte" berechnen und anhand der betreffenden Folgenentwicklung überprüfen:

a) $\lim\limits_{n \to \infty} \dfrac{2 + n + n!}{n!}$, **b)** $\lim\limits_{n \to \infty} (\dfrac{n+1}{n} + \dfrac{(n-1)!}{n!})$ **c)** $\lim\limits_{n \to \infty} (\dfrac{2n^2 + 1}{n^2} - \dfrac{n \cdot n!}{(n+1)!})$

B) Für die Folgen **a)** $\left\langle \dfrac{2n+6}{3n-1} \right\rangle$, **b)** $\left\langle \dfrac{2-5n}{4n+6} \right\rangle$, **c)** $\left\langle \dfrac{1-2n}{3n+1} \right\rangle$, **d)** $\left\langle \dfrac{5n-1}{1-3n} \right\rangle$ den Index n berechnen, ab dem jedes Folgeglied a_n innerhalb einer ε-Umgebung des Grenzwerts a liegt. Zuerst allgemein, dann für ε = 0,001.

C) Für die Folgen **a)** $\left\langle \dfrac{3n^3 - 1}{n^3 + 1} \right\rangle$, **b)** $\left\langle \dfrac{2n^2 - n}{n^2 + 1} \right\rangle$ den Index n berechnen, ab dem jedes Folgeglied a_n innerhalb einer 0,001-Umgebung des Grenzwerts a liegt.

3. Arithmetische und geometrische Folgen

Die traditionelle Gliederung der Mathematik (von griech. máthema „Wissen") in Arithmetik und Geometrie geht auf die alten Griechen zurück, welche zwei ihrer sieben Freien Künste (UA 2.2) so bezeichnet haben. In der *Arithmetik* (von griech. arithmós „Zahl") geht es um Zahlen und Rechengesetze, während sich die *Geometrie*, wörtlich mit „Erdmessung" zu übersetzen, durch Abstraktion rasch zu einer Wissenschaft über Form und Raum entwickelt hat.

Diese Gliederung ist unbefriedigend. Einmal gehen die *Algebra* als *klassische Algebra* (Gleichungslehre) und als *Mengenalgebra* (Strukturmathematik) sowie die als *Analysis* bezeichnete Funktionen- und Grenzwertlehre weit über das Zahlenrechnen hinaus, lassen sich der Arithmetik also gar nicht zuordnen, sondern höchstens in den Überbegriff „A-Mathematik" einbringen. Zum anderen sind Arithmetik und Geometrie vielfältig miteinander verwoben, wie auch in diesem Büchlein laufend belegt wird.

Besonders typisch dafür ist der als *geometrisches Mittel* m_g zweier Zahlen x und y bezeichnete und daher zur Arithmetik gehörige Zahlenwert $\sqrt{x.y}$. Zum Beispiel ist 6 das geom. Mittel aus 4 und 9, aber auch aus 3 und 12 oder aus 2 und 18. Eine Verbindung zur Geometrie besteht darin, dass es sich bei m_g um die Seitenlänge eines Quadrats handelt, das denselben Flächeninhalt hat wie jedes Rechteck mit den Seitenlängen x und y. Eine weitere geometrische Nutzung liefert der Höhensatz im rechtwinkligen Dreieck: $h = \sqrt{p.q}$.

Als *arithmetisches Mittel* m_a zweier Zahlen x und y wird ihre halbe Summe $\frac{x+y}{2}$ bezeichnet, also ist zum Beispiel 6 das arithm. Mittel aus 3 und 9, aber auch aus 5 und 7 oder aus 4 und 8. Allerdings gibt es auch für m_a eine geom. Deutung: Auf der Zahlengeraden ist der Zahl m_a der Halbierungspunkt der Strecke zugeordnet, die von den durch x und y gekennzeichneten Punkten begrenzt wird.

3.1 Arithmetische Zahlenfolgen

Eine Zahlenfolge $\langle a_n \rangle$ heißt arithmetische Folge, wenn die Differenz $a_{n+1} - a_n$ von je zwei aufeinanderfolgenden Gliedern konstant ist. Eine arithmetische Folge ist durch Angabe des Anfangsgliedes a_1 und der Differenz d eindeutig festgelegt, rekursiv durch a_1, $a_n = a_{n-1} + d$, explizit durch $a_n = a_1 + (n - 1).d$

Arithmetische Folgen sind für d > 0 streng monoton wachsend und für d < 0 streng monoton fallend ohne obere bzw. untere Schranke, also divergent. Jede solche Folge beschreibt ein *lineares Wachstum*, wie es etwa bei einer konstanten täglichen Produktion für das Warenlager gegeben ist, wobei die Lagerkapazität hier eine obere Schranke einzieht. Ein lineares negatives Wachstum tritt z. B. bei einem konstanten täglichen Verbrauch auf, allerdings nur, bis der Vorrat erschöpft ist.

Unter den in UA 1.1 vorgestellten Beispielen befinden sich drei arithm. Folgen, nämlich die Folge der natürlichen Zahlen ($a_1 = d = 1$), die Folge von Beisp. 3 ($a_1 = 6$, $d = -3$) und die konstante Folge von Beisp. 5. Denn jede konstante Folge ist eine arithmetische ($d = 0$).

Eine für die Namensgebung maßgebliche Eigenschaft arithmetischer Folgen besteht darin, dass (mit Ausnahme des ersten) jedes Folgeglied das arithmetische Mittel der beiden Nachbarglieder ist:

$$a_n = \frac{a_{n-1} + a_{n+1}}{2}$$

Denn $a_{n-1} = a_n - d$ und $a_{n+1} = a_n + d$, woraus die Summe $2a_n$ folgt. Eine weitere leicht zu beweisende Formel (für s > r) lautet:

$$a_s = a_r + (s - r).d$$

Denn aus $a_r = a_1 + (r - 1).d$ folgt zunächst $a_1 = a_r - (r - 1).d$ und aus $a_s = a_1 + (s - 1).d$ ergibt sich daraus
$$a_s = a_r - (r - 1).d + (s - 1).d = a_r - r.d + d + s.d - d = a_r + (s - r).d$$

Beispiel 1: Alle durch $d \in N$ teilbaren natürl. Zahlen bilden eine arithm. Folge, beginnend mit $a_1 = d$ und $a_n = d + (n - 1).d = n.d$.

Beispiel 2: Alle bei Division durch $d \in N$ den Rest $r \in N$ ergebenden natürl. Zahlen bilden eine arithm. Folge, beginnend mit $a_1 = r$ und $a_n = r + (n - 1).d$. Sie sollen im Weiteren *Restklassenfolgen* r modulo d genannt werden, z. B. $\langle 2, 7, 12, 17, 22, ... \rangle$ ist die Restklassenfolge 2 modulo 5.

Beispiel 3: Zwischen den Zahlen 5 und 15 sollen 7 Zahlen so eingeschaltet werden, dass die insgesamt 9 Zahlen eine arithm. Folge bilden: $a_1 = 5$, $a_9 = 5 + 8d = 15 \Rightarrow d = 1,25 \Rightarrow a_2 = 6,25$, $a_3 = 7,5$, $a_4 = 8,75$, $a_5 = 10$, $a_6 = 11,25$, $a_7 = 12,5$, $a_8 = 13,75$.

Beispiel 4: Auf einer Palette von 20 cm Höhe werden Holzplatten von je 2,4 cm Dicke gestapelt. Wieviele Platten können in dem 3 m hohen Lagerraum auf einer Palette maximal gestapelt werden, wenn oben aus technischen Gründen mindestens 30 cm Platz frei bleiben müssen? Die Aufgabe kann als arithm. Folge mit dem Bildungsgesetz $a_n = 20 + (n - 1).2,4 + 30 = 50 + (n - 1).2,4 < 300$ interpretiert werden. Daraus folgt $2,4n - 2,4 < 250 \Rightarrow 2,4n < 252,4 \Rightarrow n < 105,16 \Rightarrow n = 105$. Es können also maximal 104 Platten gestapelt werden. Probe: $20 + 104.2,4 = 269,6$ cm.

3.2 Geometrische Zahlenfolgen

Eine Zahlenfolge $\langle a_n \rangle$ heißt geometrische Folge, wenn der Quotient $a_{n+1} : a_n$ von je zwei aufeinanderfolgenden Gliedern konstant ist. Eine geometrische Folge ist durch Angabe des Anfangsgliedes a_1 und des Quotienten $q \neq 0$ eindeutig festgelegt, rekursiv durch a_1, $a_n = a_{n-1}.q$, explizit durch $a_n = a_1.q^{n-1}$.

Geometrische Folgen sind für $q > 1$ streng monoton wachsend ohne obere Grenze und beschreiben ein *exponentielles Wachstum*, wie es in der Natur vielfach gegeben ist. Für $0 < q < 1$ ergeben sich Nullfolgen, welche negative Wachstumsprozesse (z. B. Zerfallsprozesse) beschreiben. Jede konstante Folge ist auch eine geom. Folge ($q = 1$).

Für q < 0 entstehen oszillierende Folgen, deren praktische Bedeutung gering ist. Für -1 < q < 0 handelt es sich um Nullfolgen, für q ≤ -1 sind geom. Folgen divergent.

Bemerkung: Außer dem linearen und dem exponentiellen Wachstum wird von einem *potenziellen Wachstum* dort gesprochen, wo zwischen einer Variablen x (od. n) und einer davon abhängigen Variablen y (od. a_n) ein Funktionszusammenhang y = f(x) besteht, in dem f(x) ein Polynom mindestens zweiten Grades ist. Beispiele sind der Flächeninhalt eines Quadrats (quadratisches Wachstum) und das Volumen eines Würfels (kubisches Wachstum) in Bezug auf die Seiten- bzw. Kantenlänge. Das hat bei ähnlichen Figuren und Körpern zur Folge, dass einem Längenverhältnis von 1 : x ein Flächenverhältnis von 1 : x^2 und ein Volumsverhältnis von 1 : x^3 entspricht, was in Abschn. 7 (Fraktale) mehrmals zur Anwendung kommt. Weitere Beispiele für ein quadratisches Wachstum sind der Bremsweg in Bezug auf die Fahrgeschwindigkeit und die durchfallene Höhe in Bezug auf die Fallzeit.

Unter den in UA 1.1 vorgestellten Beispielen befinden sich neben der konstanten Folge (Beisp. 5) noch zwei weitere geom. Folgen, nämlich die Folge von Beisp. 6 ($a_1 = 1$, q = -1) und die Folge von Beisp. 7 ($q = -\frac{1}{2}$), sofern wir sie mit $a_1 = 1$ beginnen lassen.

Eine für die Namensgebung maßgebliche Eigenschaft geometrischer Folgen besteht darin, dass (mit Ausnahme des ersten) jedes Folgeglied das geometrische Mittel der beiden Nachbarglieder ist:

$$a_n = \sqrt{a_{n-1} \cdot a_{n+1}}$$

Denn $a_n = \sqrt{a_1 \cdot q^{n-2} \cdot a_1 \cdot q^n} = \sqrt{a_1{}^2} \cdot \sqrt{\left(q^{n-1}\right)^2} = a_1 \cdot q^{n-1}$. Eine weitere leicht zu beweisende Formel (für s > r) lautet:

$$a_s = a_r \cdot q^{s-r}$$

Denn aus $a_r = a_1 \cdot q^{r-1}$ folgt zunächst $a_1 = a_r \cdot q^{1-r}$ und aus $a_s = a_1 \cdot q^{s-1}$ ergibt sich daraus $a_s = a_r \cdot q^{1-r} \cdot q^{s-1} = a_r \cdot q^{s-r}$

Beispiel 1: Aus $a_2 = \dfrac{8}{3}$ und $a_6 = \dfrac{128}{243}$ kann nach der zuletzt angegebenen Formel $\dfrac{128}{243} = \dfrac{8}{3} \cdot q^4 \Rightarrow q^4 = \dfrac{128.3}{243.8} = \dfrac{16}{81} \Rightarrow q = \dfrac{2}{3}$ und aus $\dfrac{8}{3} = a_1 \cdot \dfrac{2}{3} \Rightarrow a_1 = 4$ berechnet werden. Die Funktionsgleichung lautet $a_n = 4 \cdot \left(\dfrac{2}{3}\right)^{n-1}$.

Beispiel 2: Zu beweisen, dass die Regel vom geom. Mittel nicht nur für die unmittelbar benachbarten, sondern für alle gleich weit von einem Glied der Folge entfernten Glieder gilt:

$$\sqrt{a_{n-r} \cdot a_{n+r}} = \sqrt{a_1 . q^{n-r-1} . a_1 . q^{n+r-1}} = \sqrt{a_1^{\,2} \cdot \left(q^{n-1}\right)^2} = a_1 . q^{n-1} = a_n$$

Danach lassen sich die Glieder a_3, a_4 und a_5 der Folge von Beisp. 1 berechnen: $a_4 = \sqrt{\dfrac{8}{3} \cdot \dfrac{128}{243}} = \sqrt{\dfrac{1024}{729}} = \dfrac{32}{27}$, $a_3 = \sqrt{\dfrac{8}{3} \cdot \dfrac{32}{27}} = \dfrac{16}{9}$, $a_5 = \dfrac{64}{81}$.

Beispiel 3: Zu beweisen, dass **a)** die Folge mit dem Bildungsgesetz $a_n = \left(\dfrac{1}{2}\right)^{n-1}$ streng monoton fallend, **b)** diese Folge eine Nullfolge ist. Ab welcher Zahl n liegen alle Folgeglieder in einer ε-Umgebung von 0 mit $\varepsilon = 0{,}001$?

a) $\left(\dfrac{1}{2}\right)^{n-1} > \left(\dfrac{1}{2}\right)^{n} = \left(\dfrac{1}{2}\right)^{n-1} . \dfrac{1}{2}$, Kürzen ergibt $1 > \dfrac{1}{2}$, eine wahre Aussage.

b) $\left(\dfrac{1}{2}\right)^{n-1} = 2^{1-n} < 0{,}001 \Rightarrow \log 2^{1-n} < \log 0{,}001 \Rightarrow (1-n).\log 2 < \log 0{,}001$

$\Rightarrow 1-n < \dfrac{\log 0{,}001}{\log 2} \Rightarrow n-1 > -\dfrac{\log 0{,}001}{\log 2} \Rightarrow n > 1 - \dfrac{\log 0{,}001}{\log 2} = 10{,}96...$

$\Rightarrow n = 11$. Probe: $a_{11} = 0{,}00097...$, $a_{10} = 0{,}00193...$

Beispiel 4: Beim Durchgang des Lichts durch eine (bestimmte) Glasplatte nimmt die Lichtstärke um 10 % ab. Um wieviel Prozent nimmt die Lichtstärke beim Durchgang durch einem Plattensatz von zehn solchen Platten ab?

Setzen wir die ursprüngliche Lichtstärke mit $a_1 = 1$ an, dann beträgt sie nach dem ersten Durchgang $a_2 = 1.0,9$, dann $a_3 = 0,9^2$, usw., $a_{11} = 0,9^{10} = 0,34867...$ Die Lichtstärke nimmt als um etwa 65 % ab.

Beispiel 5 – Blendenzahlen: Die traditionellen Blendenzahlen 1; 1,4; 2; 2,8; 4; 5,6; 8; 11; 16; 22 von Fotoapparaten sind zum Teil gerundete Werte einer geom. Folge mit dem Bildungsgesetz $a_n = \left(\sqrt{2}\right)^{n-1}$. Welche Werte stimmen genau, welche sind gerundet?

$a_1 = 1$, $a_3 = 2$, $a_5 = 4$, $a_7 = 8$ und $a_9 = 16$ stimmen genau. Die Werte $a_2 = \sqrt{2} = 1,414...$, $a_4 = 2,828...$, $a_6 = 5,656...$, $a_8 = 11,313...$, $a_{10} = 22,627...$ sind (zum Teil falsch) gerundet.

Beispiel 6 – Verschlusszeiten: Auch die traditionellen Verschlusszeiten bilden eine geom. Folge mit $a_1 = 1$ und $q = 0,5$, wobei allerdings bei a_5 mit 1/15 statt 1/16 erstmals gerundet und dann mit diesem Wert weitergerechnet wird. Bei a_8 gibt es ein zweite Abweichung (1/125 statt 1/120). Die exakten Werte wären $a_6 = 0,03125$ statt 1/30 (= $0,0\dot{3}$), $a_7 = 0,015625$ statt 1/60 (= $0,01\dot{6}$) und $a_8 = 0,0078...$ statt 1/125 (= 0,008).

3.3 Papierformate und Faltungen

Ein prominentes Beispiel für geom. Folgen sind die genormten Papierformate, deren wichtigste Eigenschaft darin besteht, dass durch einmaliges Falten eines Rechtecks mit den Seitenlängen a und b ein dazu ähnliches Rechteck von halber Größe entsteht, usw. Für a und b muss demnach die Proportion $a : b = b : \dfrac{a}{2}$ gelten, woraus sich sofort $a^2 = 2b^2$ und a = $b.\sqrt{2}$ ergibt.

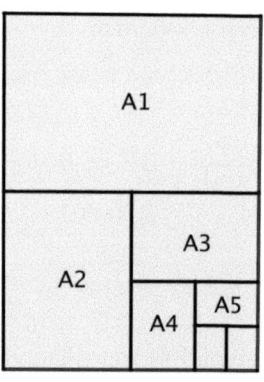

Als Normformat DIN A0 gilt ein Rechteck mit dem Seitenverhältnis $1 : \sqrt{2}$ und 1 m² Flächeninhalt. Aus A = a.b = $b^2.\sqrt{2}$ = 1 000 000

mm^2 folgt b = 840,8..., gerundet 841 mm, und a = 1189,2..., gerundet 1189 mm. Auch bei den davon durch laufendes Halbieren abgeleiteten Formaten DIN A1, DIN A2 usw. werden die Seitenlängen auf mm gerundet, was zu den folgenden Maßen führt:

A1	841 x 594	A5	210 x 148
A2	594 x 420	A6	148 x 105
A3	420 x 297	A7	105 x 074
A4	297 x 210	A8	074 x 052

DIN A4 ist das Briefbogen-Normformat und DIN A6 ist das Postkarten-Normformat. Neben den A-Formaten gibt es auch noch B-, C- und D-Formate, zum Beispiel ist DIN B0 ein Rechteck mit a = 1414 mm und b = 1000 mm.

Nach Definition ist der Flächeninhalt von DIN A8 das 9. Glied der Folge $\left\langle 1, \frac{1}{2}, \frac{1}{4}, \frac{1}{8}, \frac{1}{16}, \frac{1}{32}, \frac{1}{64}, \frac{1}{128}, \frac{1}{256}, ... \right\rangle$, sein Flächeninhalt sollte daher $\frac{1}{256} = 0,003906...$ m^2 $\approx$ 3906 mm^2 sein; die Abweichung von A = 74.52 = 3848 mm^2 ist eine Folge des laufenden Rundens.

Beim Falten von rechteckigen Papierbögen auf jeweils die Hälfte der ursprünglichen Größe verdoppelt sich die Dicke des Faltstapels bei jeder Faltung. Das „Flächengewicht" von Papier wird in Gramm pro Quadratmeter angegeben, Zeitungspapier hat etwa 55 g/m^2, Schreib- und Buchdruckpapier zwischen 70 und 120 g/m^2, Packpapier 140 bis 200 g/m^2. Diese Maßzahlen stimmen näherungsweise mit der in Tausendstelmillimetern gemessenen Papierdicke überein. Nach siebenmaligem Falten eines Bogens einer großformatigen Zeitung (DIN A1) hat der Faltstapel (im Format DIN A8) daher eine Dicke von ungefähr $0,055.2^7 \approx 7$ mm.

Nehmen wir an, ein Faltstapel im Format DIN A7 wäre durch 20 Faltungen zustande gekommen. Nach der 7. Entfaltung wäre dann das Format DIN A0 mit 1 m^2 Flächeninhalt erreicht. 13 weitere Entfaltungen führen zu einer Größe von $1.2^{13} = 8192$ m^2. Ein Papierbogen von dieser Größe würde also nahezu einen Hektar Land bedecken. Handelte es sich dabei um Papier von 0,1 mm Dicke, so wäre der Faltstapel $0,1.2^{20} \approx 104858$ mm, also fast 105 Meter hoch. Dieses Beispiel verdeutlicht die Rasanz des exponentiellen Wachstums, die weit über der eines jeden potenziellen Wachstums liegt.

3.4 Vorschläge zum Selbermachen

A) Wie lauten die ersten 5 Glieder der Restklassenfolge 1 modulo 6, also der arithm. Folge der natürl. Zahlen, die bei Division durch 6 den Rest 1 ergeben?

B) Wie lauten die ersten 10 Glieder der arithm. Folge mit $a_5 = 8$ und $a_{10} = 20$?

C) Zu beweisen: Die Regel vom arithm. Mittel gilt nicht nur für die unmittelbar benachbarten, sondern für alle gleich weit von einem Glied der Folge entfernten Glieder.

D) Wie lautet das Bildungsgesetz der geom. Folge **a)** $\langle 2, 6, 18, 54, 162, ... \rangle$, **b)** $\langle 3, -6, 12, -24, 48, ... \rangle$, **c)** $\langle \frac{2}{3}, -\frac{4}{9}, \frac{8}{27}, -\frac{16}{81}, \frac{32}{243}, ... \rangle$?

E) Das wievielte Glied der Folge $\langle 3.2^{n-1} \rangle$ ist 384?

F) Die Zahl 65 ist die Summe aus den ersten drei Gliedern einer geom. Folge, deren Produkt 3375 beträgt. Wie lauten diese 3 Zahlen?

G) Die Arbeitsspindel einer Drehbank gestattet insgesamt fünf Einstellungen zwischen 10 und 250 Umdrehungen je Minute, wobei die Drehzahlen eine geom. Folge bilden. Wie lauten die drei zwischen 10 und 250 liegenden Drehzahlen?

4. FIBONACCI
und der Goldene Schnitt

Der italienische Mathematiker FIBONACCI ist im 13. Jahrhundert folgender Frage nachgegangen: Vorausgesetzt, ein Kaninchen-Weibchen bringt im zweiten und dritten Lebensjahr je eine Tochter zur Welt, wie viele Weibchen werden dann von Jahr zu Jahr aufsteigend geboren? (In der Literatur zu diesem Thema wird häufig nur allgemein von Untersuchungen zur Kaninchenpopulation, von Pärchen statt Weibchen und von Monaten anstelle von Jahren gesprochen; hier ist die Frage im Sinne der Antwort exakt formuliert, aber nicht exakt im historischen Sinn.)

Im ersten Jahr (n = 1) gibt es nur ein Weibchen (a_1 = 1), im zweiten (n = 2) ist nur dessen Tochter im ersten Lebensjahr (a_2 =1), im dritten (n = 3) hingegen die zweite Tochter und die erste Enkelin (a_3 = 2), im vierten (n = 4) zwei Enkelinnen und eine Urenkelin (a_4 = 3). In jedem Jahr bringen die zwei Jahre zuvor und ein Jahr davor geborenen Weibchen je ein Weibchen zur Welt. Auf diese Art und Weise entsteht die *FIBONACCI-Folge* $\langle 1,1,2,3,5,8,13,21,34,55,89,...\rangle$, die bei vielen natürlichen Wachstumsprozessen eine Rolle spielt. Diese divergente Folge gehorcht dem Bildungsgesetz: Ab n = 3 ist jedes Folgeglied die Summe der beiden vorhergehenden. Oder als Formel:

$$a_1 = a_2 = 1, \quad a_n = a_{n-2} + a_{n-1}.$$

4.1 Geometrisches Mittel und Quotientenfolgen

Eine erste, zunächst verblüffende Eigenschaft der oben genannten Folge ist es, dass von drei aufeinanderfolgenden FIBONACCI-Zahlen die mittlere dem geometrischen Mittel der beiden benachbarten umso näher kommt, je weiter die Folge fortschreitet. Beim Tripel (8, 13, 21) ist dieses Mittel $\sqrt{8.21} = \sqrt{168} \approx 12{,}96$, beim Tripel (13, 21, 34) ist es $\sqrt{13.34} = \sqrt{442} \approx 21{,}02$, beim Tripel (21, 34, 55) ist es $\sqrt{21.55} = \sqrt{1155} \approx 33{,}985$ und beim Tripel (34, 55, 89) bereits $\sqrt{34.89} = \sqrt{3026} \approx 55{,}009$.

Die Erklärung dafür findet sich im Zuge der Behandlung der Quotientenfolgen $\left\langle \dfrac{a_n}{a_{n-1}} \right\rangle$ und $\left\langle \dfrac{a_{n-1}}{a_n} \right\rangle$ der FIBONACCI-Folge. Deren Glieder sind als Quotienten natürlicher Zahlen alle rational, doch ist aus der allgemeinen Bruchdarstellung das Konvergenzverhalten dieser Folgen nicht abzulesen. Wohl aber, wenn Dezimalbrüche und, wo notwendig, gerundete Näherungswerte verwendet werden:

$$\left\langle \frac{a_n}{a_{n-1}} \right\rangle = \left\langle 1; 2; 1,5; 1,\dot{6}; 1,6; 1,625; 1,615; 1,619; 1,6176; 1,6182; ... \right\rangle$$

$$\left\langle \frac{a_{n-1}}{a_n} \right\rangle = \left\langle 1; 0,5; 0,\dot{6}; 0,6; 0,625; 0,615; 0,619; 0,6176; 0,6181; 0,6180; ... \right\rangle$$

Wir sehen: Beide Folgen sind nicht monoton, doch gibt es offensichtlich zwei monotone Teilfolgen, welche von unten bzw. von oben einem Grenzwert zustreben, der in der Nähe von 1,618 bzw. von 0,618 liegen muss. Dass sich diese beiden Werte gerade um 1 unterscheiden ist natürlich kein Zufall.

Zunächst sei nur beachtet, dass sich zwei benachbarte Folgeglieder mit zunehmendem n dem Wert nach voneinander immer weniger unterscheiden, dass also die Gleichung $\dfrac{a_n}{a_{n-1}} = \dfrac{a_{n+1}}{a_n} + \varepsilon$ mit einem zunehmend kleiner werdenden ε gilt. Multiplikation mit $a_n.a_{n-1}$ ergibt die Gleichung $a_n^2 = a_{n-1}.a_{n+1} + \varepsilon.a_{n-1}.a_n$. Zieht man hier links und rechts die Wurzel, so ist das Rätsel um das Geometrische Mittel gelöst, wobei das $\varepsilon.a_{n-1}.a_n$ natürlich weiter stört, doch zunehmend weniger, wie die bereits durchgeführten Rechnungen belegen.

In einem weiteren Schritt ersetzen wir nun in obiger Ausgangsgleichung a_{n+1} durch $a_{n-1} + a_n$, wie es dem Bildungsgesetz entspricht, und bekommen, wenn dann noch $\dfrac{a_n}{a_{n-1}} = x$ und $\dfrac{a_{n-1}}{a_n} = \dfrac{1}{x}$ gesetzt wird:

$$\frac{a_n}{a_{n-1}} = \frac{a_{n-1} + a_n}{a_n} + \varepsilon = \frac{a_{n-1}}{a_n} + 1 + \varepsilon \Rightarrow x = \frac{1}{x} + 1 + \varepsilon$$

Diese Gleichung ist insofern bemerkenswert als für $\varepsilon = 0$ der Grenzübergang erfolgt und der Grenzwert offenbar eine Lösung der obigen Gleichung ist:

$$x = \frac{1}{x} + 1 \Rightarrow x^2 - x - 1 = 0 \Rightarrow {}_1x_2 = \frac{1}{2} \pm \sqrt{\frac{1}{4} + 1} = \frac{1}{2} \pm \frac{\sqrt{5}}{2}$$

Als Grenzwert kommt hier nur der positive Wert in Frage, sodass also gilt:

$$a = \frac{1 + \sqrt{5}}{2} = 1{,}61803...$$

Auf die zweite Quotientenfolge angewendet führen die gleichen Überlegungen und Rechnungen zur Gleichung $x^2 - x + 1 = 0$ und zum Grenzwert

$$b = \frac{\sqrt{5} - 1}{2} = 0{,}61803...$$

Für den zweiten Grenzwert gilt aus leicht ersichtlichen Gründen nicht nur $b = a - 1$, sondern b ist auch der Kehrwert von a:

$$\frac{1}{a} = \frac{2}{\sqrt{5} + 1} = \frac{2 \cdot (\sqrt{5} - 1)}{(\sqrt{5} + 1) \cdot (\sqrt{5} - 1)} = \frac{2 \cdot (\sqrt{5} - 1)}{4} = \frac{\sqrt{5} - 1}{2} = b$$

4.2 Der Goldene Schnitt

> „Die Geometrie birgt zwei große Schätze: Der eine ist der Satz des Pythagoras, der andere ist die Teilung nach dem extremen und dem mittleren Verhältnis. Den ersteren können wir mit einem Scheffel Gold vergleichen, den zweiten dürfen wir ein kostbares Juwel nennen."
>
> Johannes Kepler

Die Teilung, welche Johannes KEPLER hier anspricht, wird als *Goldener Schnitt* bezeichnet. Darunter versteht man die Teilung einer Strecke AB durch einen Punkt C in der Art, dass sich die Gesamtlänge der Strecke zum größeren Streckenabschnitt, dem *Major* (lat.

„der/die/das Größere"), so verhält wie dessen Länge zur Länge des *Minor* (lat. „der/die/das Kleinere"), des kleineren Streckenabschnitts.

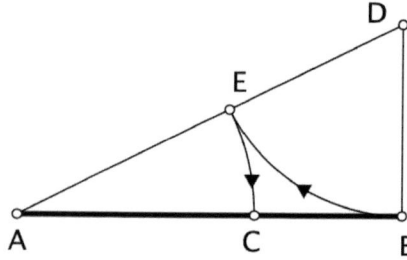

Die nebenstehende Figur illustriert den Sachverhalt und zeigt die gängige Konstruktion zur Ermittlung des Punktes C bei gegebener Strecke AB. Die Strecke BD ist dabei halb so lang wie die Strecke AB.

Der Goldene Schnitt gilt von alters her als besonders ästhetisches Streckenverhältnis, wenngleich bei vielen dazu genannten Beispielen aus Architektur und Bildender Kunst nicht gesichert ist, ob es sich dabei um Absicht oder um Zufall handelt. Rechtecke, deren Seitenlängen in diesem Verhältnis stehen, werden als *Goldene Rechtecke* bezeichnet. (Bei unseren modernen Kreditkarten beträgt die Abweichung vom Idealmaß maximal ± 1 mm.)

Die folgende Rechnung konstruktiv vorwegnehmend wird nebenstehend die Ermittlung der Gesamtstrecke AB bei gegebenem Major AC veranschaulicht. Dabei sind die Strecken AC und CD gleich lang.

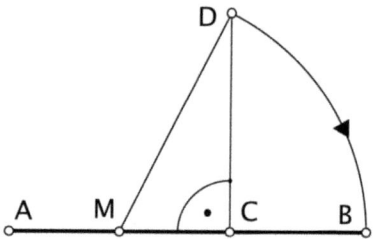

Für $\overline{AC} = \overline{CD} = 1$ LE erhält man als Länge der Strecke AB die charakteristische Maßzahl für den Goldenen Schnitt, welche *Goldene Zahl* genannt und mit dem Symbol Φ (Phi, zu Ehren des attischen Bildhauers Phidias) gekennzeichnet wird. Im Folgenden wird gezeigt, dass ihre Berechnung auf dieselbe quadratische Gleichung führt wie sie auch bei der Berechnung des Grenzwerts der Quotientenfolge der FIBONACCI-Folge auftritt:

Wird in der Proportion $\overline{AB} : \overline{AC} = \overline{AC} : \overline{CB}$ der Länge $\overline{AC}$ die Maßzahl 1 zugewiesen, dann ergibt sich Φ als Lösung der Gleichung

$$\Phi : 1 = 1 : (\Phi - 1) \text{ bzw. } \Phi \cdot (\Phi - 1) = 1$$

Das führt auf die quadratische Gleichung $\Phi^2 - \Phi - 1 = 0$ mit der positiven Lösung

$$\Phi = \frac{1 + \sqrt{5}}{2} = 1, 61803\ldots$$

Weil sich also die Quotienten $a_n : a_{n-1}$ benachbarter FIBONACCI-Zahlen für wachsende n immer besser der Goldenen Zahl Φ annähern liefern benachbarte FIBONACCI-Zahlen gute Näherungen für Goldene Rechtecke: Das gilt bereits für das Längenverhältnis 8 : 5 (Quotient 1,6), mehr noch 13 : 8 (Quotient 1,625) sowie 21 : 13 (Quotient 1,615...). Bildet man bei den Goldenen Rechtecken die Quotienten, bei denen die kleinere Zahl im Zähler steht, dann nähern sich diese dem Wert

$$\frac{1}{\Phi} = \Phi - 1$$

Schließlich liefern die Quotientenfolgen der FIBONACCI-Zahlen auch noch zwei sehr schöne Beispiele für irrationale Zahlen als Grenzwerte konvergenter Folgen von rationalen Näherungswerten:

$$\left\langle 1, 2, \frac{3}{2}, \frac{5}{3}, \frac{8}{5}, \ldots \right\rangle \rightarrow \Phi = 1,61803\ldots$$

$$\left\langle 1, \frac{1}{2}, \frac{2}{3}, \frac{3}{5}, \frac{5}{8}, \ldots \right\rangle \rightarrow \Phi - 1 = 0,61803\ldots$$

4.3 Regelmäßige Fünfecke

Es ist sicher bemerkenswert, dass bei den Abmessungen des Quadrats die Zahl $\sqrt{2}$, beim gleichseitigen Dreieck die Zahl $\sqrt{3}$ und beim regelm. Fünfeck die Zahl $\sqrt{5}$ eine entscheidende Rolle spielt. Beim Quadrat stehen Seiten- und Diagonalenlänge im Verhältnis 1 : $\sqrt{2}$, beim gleichseitigen Dreieck stehen die Seitenlänge und die Höhe im Verhältnis 2 : $\sqrt{3}$ und beim regelm. Fünfeck stehen Umkreisradius r und Seitenlänge a im Verhältnis 2 : $\sqrt{10-2.\sqrt{5}}$. (Siehe dazu z. B. „Im Reich der Geometrie I", Seite 42.)

Noch bemerkenswerter (und wenig bekannt) ist aber eine Eigenschaft des regelm. Fünfecks, die mit dem Goldenen Schnitt zu tun hat. Danach verhalten sich Seitenlänge und Diagonalenlänge wie 1 : $\Phi = 2 : (1 + \sqrt{5})$. Der Beweis dafür lässt sich relativ aufwändig mit Hilfe der oben angegebenen Relation zwischen r und a sowie zweimaliger Anwendung des PYTHAGORAS führen. Ein wesentlich kürzerer und wohl auch „schönerer" Beweis kann aus einer Zeichnung abgelesen werden, bei der neben einem „äußeren" regelmäßigen Fünfeck ABCDE mit der Seitenlänge 1 LE das von seinen fünf Diagonalen gebildete *Pentagramm* und das von diesem gebildete „innere" Fünfeck FGHIJ mit der Seitenlänge a eine Rolle spielt. (Das Pentagramm war das magische Zeichen der Pythagoreer; zu späteren Zeiten diente das Zeichen als „Drudenfuß" der Abwehr von Hexen – norddeutsch „Druden".)

In der Figur ABCDE bedingen gleiche Seitenlängen und gleich große Winkel das Auftreten gleichschenkliger Trapeze, z. B. ABCE, und von Rhomben mit der Seitenlänge 1, z. B. ABCF. Daher gilt $\overline{AF} = \overline{BC}$ = 1. Bezeichnet nun x die Restlänge $\overline{FD} = \overline{AG}$ der Diagonalen AD, so gilt x + a = 1 bzw. a = 1 – x.

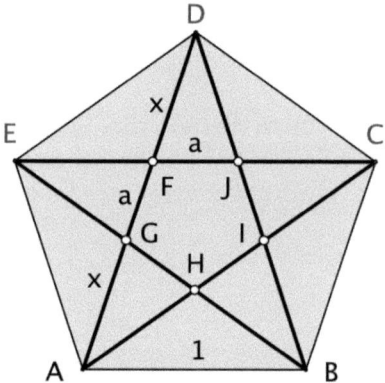

Zuletzt ist nur noch die Proportion auszuwerten, die sich aus der Ähnlichkeit der Dreiecke ABD und FJD ergibt:

$$\overline{AB} : \overline{AD} = \overline{FJ} : \overline{FD} \Rightarrow 1 : (1 + x) = (1 - x) : x \Rightarrow (1 + x).(1 - x) = x$$

$$\Rightarrow 1 - x^2 = x \Rightarrow x^2 + x - 1 = 0 \Rightarrow x = \frac{\sqrt{5} - 1}{2} = \Phi - 1$$

Satz: Beim regelm. Fünfeck verhält sich die Seitenlänge zur Diagonalenlänge wie 1 : Φ; beim Pentagramm wird jede Seite von einer anderen nach dem Goldenen Schnitt geteilt.

4.4 Vorschläge zum Selbermachen

A) Auf dem gleichem Weg, wie es für die gegen Φ konvergierende Quotientenfolge durchgeführt wurde, kann bewiesen werden, dass die zweite Quotientenfolge gegen $\Phi - 1$ konvergiert.

B) Die mit $a_1 = 2$, dann aber nach dem Bildungsgesetz der FIBO-NACCI-Folge konstruierte Zahlenfolge wird *LUCAS-Folge* genannt. **a)** Wie lauten die ersten zehn Zahlen dieser Folge? **b)** Welche Vermutung ist aufgrund der Darstellung durch Dezimalzahlen für die Grenzwerte der zugehörigen Quotientenfolgen angebracht?

C) Warum konvergieren alle Quotientenfolgen, die sich aus Folgen bilden lassen, die mit beliebigem a_1 und a_2 beginnen, dann aber nach dem Bildungsgesetz der FIBONACCI-Folge konstruiert werden, gegen Φ bzw. $\Phi - 1$?

D) Warum entstehen für alle Folgen, die mit einer natürlichen Zahl $a_1 = a_2$ beginnen und weiter nach dem Bildungsgesetz der FIBO-NACCI-Folge konstruiert werden, dieselben Quotientenfolgen? Welches Wachstum der Kaninchenpopulation wird durch diese Folgen abgebildet bzw. was ist dafür die Eingangsvoraussetzung?

E) Durch Rechnung bestätigen: **a)** Die angegebene Konstruktion des Goldenen Schnitts, d. h. des Punktes C ($\overline{AB} = \Phi$ LE). **b)** Die angegebene Konstruktion der Gesamtstrecke AB aus dem Major AC ($\overline{AC} = 1$ LE).

F) Zu beweisen: Zerlegt man ein Goldenes Rechteck ABCD in ein Quadrat AEFD und ein Rechteck EBCF, so ist auch EBCF ein Goldenes Rechteck.

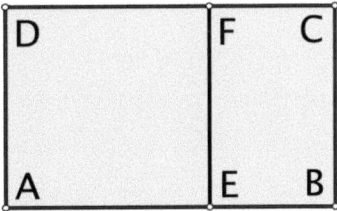

G) Zu beweisen: Die Längen von Minor und Major sowie die Gesamtlänge (z. B. $\overline{EB}$, $\overline{AE}$ und $\overline{AB}$ im obigen Goldenen Rechteck) bilden drei (benachbarte) Glieder einer geom. Folge.

H) Ein regelmäßiges Fünfeck mit gegebener Seitenlänge, z. B. a = 4 cm, und daraus ermittelter Diagonalenlänge d = a.Φ cm konstruieren.

I) Ein Pentagramm konstruieren, von dem die Seitenlänge, z. B. d = 7 cm, bekannt ist.

5. Reihen und ihre Summen

Summen von Zahlen a_1, a_2, a_3, ... a_n, (a_{n+1}, ...), die einem bestimmten Bildungsgesetz unterliegen, spielen in etlichen Bereichen der reinen und der angewandten Mathematik eine bedeutende Rolle. Daher wurde für eine angeschriebene, aber noch nicht addierte Summe $a_1 + a_2 + a_3 + ... + a_n (+ a_{n+1} + ...)$ von Gliedern einer Zahlenfolge der Begriff *Reihe* eingeführt. Handelt es sich bei den Summanden um alle Glieder einer unendlichen Folge, so spricht man von einer *unendlichen Reihe*.

Wenngleich, z. B. in der Rentenrechnung (Abschn. 6), auch endliche Reihen eine Rolle spielen, kommt den unendlichen Reihen und ihren Summen doch die größere Bedeutung zu. Den Schlüssel dazu bildet die *Partialsummenfolge* und ihr Verhalten, d. h. ob diese divergent oder konvergent ist.

Sei $a_1 + a_2 + a_3 + ...$ eine Reihe und sei $s_1 = a_1$, $s_2 = a_1 + a_2$, $s_3 = a_1 + a_2 + a_3$, ..., so nennt man die Folge $\langle s_1, s_2, s_3, ... \rangle$ die zu dieser Reihe gehörige Partialsummenfolge.

Unmittelbar einsichtig ist, dass eine unendliche Reihe dann und nur dann eine endliche Summe s hat, wenn die zugehörige Partialsummenfolge gegen den Grenzwert s konvergiert. In diesem Fall handelt es sich um eine *konvergente Reihe*, andernfalls um eine *divergente*.

Als erstes Beispiel sei die Reihe $\dfrac{1}{2} + \dfrac{1}{4} + \dfrac{1}{8} + ... + \left(\dfrac{1}{2}\right)^n + ...$ genannt, die

sicher die Summe $s = \displaystyle\sum_{n=1}^{\infty} \dfrac{1}{2^n} = 1$ besitzt, weil es sich um die Summe

der (in m^2 ausgewiesenen) Flächeninhalte der Papierformate A1, A2, A3, ... handelt, welche den Flächeninhalt 1 des Formats A0 ergeben

muss (Figur in UA 3.3). Die Partialsummenfolge $\left\langle \dfrac{1}{2}, \dfrac{3}{4}, \dfrac{7}{8}, \dfrac{15}{16}, ... \right\rangle$

gehorcht dem Bildungsgesetz $s_n = \dfrac{2^n - 1}{2^n}$, woraus (Division von Zähler und Nenner durch 2^n) ebenfalls der Grenzwert 1 folgt.

Die Vermutung, dass eine Reihe dann konvergent ist, wenn ihre Glieder eine Nullfolge bilden, lässt sich leicht anhand der aus der Folge $\left\langle \frac{1}{n} \right\rangle$ hervorgehenden Reihe $1 + \frac{1}{2} + \frac{1}{3} + \frac{1}{4} + \frac{1}{5} + \frac{1}{6} + \frac{1}{7} + \frac{1}{8} + \ldots$ falsifizieren. Denn die Summe aus dem 3. und 4. Glied ist wegen $\frac{1}{3} + \frac{1}{4} > \frac{1}{4} + \frac{1}{4}$ größer als $\frac{1}{2}$, analog auch die Summe aus dem 5. bis 8. Glied, aus dem 9. bis 16. Glied usw., sodass wir unendlich oft Teilsummen bekommen, die größer als 0,5 sind, was eine endliche Gesamtsumme ausschließt. Die sohin divergente Reihe wird als *harmonische Reihe* bezeichnet.

5.1 Die GAUSSsche Summenformel

Die Reihe der natürlichen Zahlen $1 + 2 + 3 + 4 + \ldots$ mit der Partialsummenfolge $\langle 1, 3, 6, 10, \ldots \rangle$ ist selbstverständlich divergent. Für die Partialsummen gilt die Formel

$$s_n = \sum_{i=1}^{n} i = 1 + 2 + 3 + \ldots + n = (n+1) \cdot \frac{n}{2}$$

Diese möchte ich aus folgendem Grund als *GAUSSsche Summenformel* bezeichnen: Der achtjährige Schüler Karl Friedrich GAUSS hat anlässlich einer ihm vom Lehrer Büttner gestellten Aufgabe, die natürlichen Zahlen von 1 bis 100 zusammenzuzählen, nur die Multiplikation $101 \cdot 50$ durchgeführt und das Ergebnis 5050 dem Lehrer auf seiner Schiefertafel mit den Worten „Da ligget se" vorgelegt. Dahinter steckt die Erkenntnis, dass die ersten hundert Zahlen zu Summen $1 + 100 = 2 + 99 = 3 + 98$ usw. zusammengefasst werden können, die allesamt 101 (allg. $n + 1$) ergeben und dass genau 50 (allg. $\frac{n}{2}$) solche Summen auftreten. (Verschiedentlich wird berichtet, dass der Lehrer nur die Summe der ersten 60 natürl. Zahlen abgefragt hat.) Die allgemeine Formel kann durch vollständige Induktion (UA 1.3) bewiesen werden:

Wegen $(1+1) \cdot \frac{1}{2} = 1$ ist die Formel jedenfalls für s_1 richtig.

50

Im zweiten Beweisschritt wird s_{n-1} durch die Induktionsvoraussetzung ersetzt und gezeigt, dass sich daraus die GAUSSsche Formel für s_n ergibt. Damit ist auch bewiesen, dass die Formel nicht nur für gerade n, sondern für alle natürlichen Zahlen gilt.

$$s_n = s_{n-1} + n = [(n-1)+1].\frac{(n-1)}{2} + n = \frac{n.(n-1)+2n}{2} = \frac{n^2+n}{2} = \frac{(n+1).n}{2}$$

5.2 Arithmetische Reihen

Ist die einer Reihe zugrunde liegende Folge eine arithmetische mit dem Bildungsgesetz $a_n = a_1 + (n-1).d$ (UA 3.1), dann handelt es sich um eine *arithmetische Reihe*. Solche Reihen sind immer divergent, für ihre Partialsummen gilt ab $n = 2$ die Formel

$$s_n = (a_1 + a_n).\frac{n}{2}$$

Für die Reihe der natürlichen Zahlen ist das die GAUSSsche Formel, mit deren Hilfe die allgemeine Summenformel für arithm. Reihen bewiesen werden kann:

$$s_n = \sum_{i=1}^{n} a_i = a_1 + [a_1 + d] + [a_1 + 2d] + \dots [a_1 + (n-1).d] =$$

$$= n.a_1 + d.[1 + 2 + \dots + (n-1)] = n.a_1 + d.\frac{n.(n-1)}{2} = \frac{n}{2}.[2a_1 + (n-1).d]$$

$$= \frac{n}{2}.[a_1 + a_1 + (n-1).d] = \frac{n}{2}.(a_1 + a_n)$$

Dank dieser Formel lassen sich z. B. Formeln für die Summen von Reihen erstellen, deren Glieder eine Restklassenfolge (UA 3.1) bilden. Das trifft insbesondere auf die Summen $1 + 3 + 5 + \dots + (2n - 1)$ aller ungeraden und $2 + 4 + 6 + \dots + 2n$ aller geraden natürl. Zahlen zu, wofür folgende Formeln gelten:

$$\sum_{i=1}^{n} (2i-1) = n^2 \qquad \sum_{i=1}^{n} 2i = n.(n+1)$$

5.3 Vollkommene Zahlen und die Zahl 666

Als *vollkommene Zahlen* werden natürliche Zahlen bezeichnet, die mit der Summe ihrer Teiler (ausgenommen die Zahl selber) übereinstimmen. Es gibt nur eine einziffrige vollkommene Zahl, nämlich 6, nur eine zweiziffrige vollkommene Zahl, nämlich 28, und nur eine dreiziffrige vollkommene Zahl, nämlich 496.

$$6 = 1 + 2 + 3$$
$$28 = 1 + 2 + 4 + 7 + 14$$
$$496 = 1 + 2 + 4 + 8 + 16 + 31 + 62 + 124 + 248$$

Eine zweite bemerkenswerte Eigenschaft der vollkommenen Zahlen besteht darin, dass die Summe der Kehrwerte ihrer Teiler (einschließlich der Zahl selber) immer 2 ergibt, z. B.:

$$1 + \frac{1}{2} + \frac{1}{3} + \frac{1}{6} = 2$$
$$1 + \frac{1}{2} + \frac{1}{4} + \frac{1}{7} + \frac{1}{14} + \frac{1}{28} = 2$$

Das ist insofern leicht erklärt, als die Zähler der auf 1 folgenden, auf gleichen Nenner gebrachten Brüche in Summe immer den gemeinsamen Nenner ergeben; daraus folgt $1 + 1 = 2$.

In den Bereich der *Zahlenmystik* fällt die bereits in der Johannes-Offenbarung genannte Zahl 666. Sie wird gelegentlich als *Teufelszahl* bezeichnet und weist folgende Eigenschaften auf:

1. $666 = \sum_{i=1}^{36} i$ (36. Partialsumme der Reihe der natürl. Zahlen).

2. $666 = 2^2 + 3^2 + 5^2 + 7^2 + 11^2 + 13^2 + 17^2$ (Summe der ersten sieben Primzahlquadrate; auch die Sieben ist eine mystische Zahl).

3. $666 = 1^3 + 2^3 + 3^3 + 4^3 + 5^3 + 6^3 + 5^3 + 4^3 + 3^3 + 2^3 + 1^3$ (Summe der Kubikzahlen von 1 bis 6 und zurück).

4. $666 = DCLXVI = 500 + 100 + 50 + 10 + 5 + 1$ (Summe der streng monoton fallenden Reihe der Zahlenwerte von sechs verschiedenen römischen Ziffern). Die siebente römische Ziffer ist $M = 1000$.

5.4 Die Summenformel der Quadratzahlen-Reihe

Für die Summe s_n der Quadratzahlen-Reihe $1^2 + 2^2 + 3^2 + \ldots + n^2$ gilt:

$$\sum_{i=1}^{n} i^2 = \frac{n.(n+1).(2n+1)}{6}$$

Beweis durch vollständige Induktion: Wegen $\frac{1.2.3}{6} = 1$ ist die Formel jedenfalls für $n = 1$ richtig. $\sum_{i=1}^{n-1} i^2 = \frac{(n-1).n.(2n-1)}{6}$ wird als richtig

angenommen (Induktionsvoraussetzung). Dann ist $\sum_{i=1}^{n} i^2 = \sum_{i=1}^{n-1} i^2 + n^2 =$

$$= \frac{(n-1).n.(2n-1)}{6} + \frac{6n^2}{6} = \frac{2n^3 + 3n^2 + n}{6} = \frac{n.(n+1).(2n+1)}{6}$$

Sei 140 eine Partialsumme der Quadratzahlen-Reihe, dann muss $140.6 = 840 = n.(n + 1).(2n + 1)$ gelten. Eine Lösung der Gleichung 3. Grades sollte sich unter den Teilern von 840, das sind 2, 3, 5 und 7, finden, und tatsächlich ist $7.8.15 = 840$. Die beiden anderen Lösungen der Gleichung sind konjugiert komplex. 140 ist also die Partialsumme der ersten 7 Glieder der Quadratzahlen-Reihe.

5.5 Geometrische Reihen

Eine *geometrische Reihe* ist die angeschriebene, aber noch nicht addierte Summe einer geometrischen Folge mit dem Bildungsgesetz $a_n = a_1.q^{n-1}$ (UA 3.2). Solche Reihen spielen in den nächsten zwei Abschnitten dieses Büchleins eine große Rolle. Sie sind für $|q| \geq 1$ immer divergent und für $0 < |q| < 1$ immer konvergent.

Um zu einer Formel für die n-te Partialsumme $s_n = a_1 + a_1q + a_1q^2 + \ldots + a_1q^{n-1}$ zu kommen multiplizieren wir diese mit q, woraus sich $s_n.q = a_1q + a_1q^2 + \ldots + a_1q^{n-1} + a_1q^n$ ergibt. Ziehen wir nun von s_nq die Summe s_n ab, so heben sich alle Glieder von a_1q bis a_1q^{n-1} auf und es entsteht die Gleichung $s_nq - s_n = a_1q^n - a_1 \Rightarrow s_n.(q - 1) = a_1.(q^n - 1)$ und weiter

$$s_n = \sum_{i=1}^{n} a_1 \cdot q^{i-1} = a_1 \cdot \frac{q^n - 1}{q - 1} = a_1 \cdot \frac{1 - q^n}{1 - q}$$

Die zweite Bruchdarstellung entsteht aus der ersten durch Erweitern mit -1 und ist für $0 < |q| < 1$ die günstigere. Für $q = 1$ ist der Bruch nicht aussagekräftig, in diesem Fall gilt $s_n = n \cdot a_1$.

Die Formel bestätigt die bereits getätigte Aussage, dass die geom. Reihen für $0 < |q| < 1$ konvergent sind. Denn nach UA 3.2 gilt für alle zwischen -1 und 1 liegenden Quotienten $\lim_{n \to \infty} q^n = 0$. Führen wir für derartige geom. Reihen den Grenzübergang $n \to \infty$ durch, so erhalten wir aus der Formel für s_n die Formel für die Summe s der konvergenten Reihe:

$$s = \lim_{n \to \infty} s_n = \lim_{n \to \infty} (a_1 \cdot \frac{1 - q^n}{1 - q}) = a_1 \cdot \frac{1 - \lim_{n \to \infty} q^n}{1 - q} = a_1 \cdot \frac{1}{1 - q}$$

Beispiel 1: Partialsummenfolgen von geom. Reihen mit $-1 < q < 0$ sind schöne Beispiele für oszillierende und konvergente Folgen, die aber keine Nullfolgen sind.

Für $a_1 = 1$ und $q = -\frac{1}{2}$ etwa lautet die Partialsummenfolge

$$\left\langle 1, \frac{1}{2}, \frac{3}{4}, \frac{5}{8}, \frac{11}{16}, \frac{21}{32}, \frac{43}{64}, \frac{85}{128}, \ldots \right\rangle$$

Ihre monotonen Teilfolgen $\left\langle 1, \frac{3}{4}, \frac{11}{16}, \frac{43}{64}, \ldots \right\rangle$ und $\left\langle \frac{1}{2}, \frac{5}{8}, \frac{21}{32}, \frac{85}{128}, \ldots \right\rangle$ konvergieren von oben bzw. von unten gegen den nach der obigen Formel leicht zu berechnenden Grenzwert $s = \frac{2}{3}$.

Beispiel 2 – Periodische Dezimalzahlen: Bei jeder Zahl dieser Art lassen sich die Perioden als konvergente geom. Reihen schreiben und mit Hilfe der Summenbildung kann jede solche Dezimalzahl in einen Bruch verwandelt werden:

$$2{,}5\dot{7} = 2{,}5 + \frac{7}{100} + \frac{7}{1000} + \ldots = 2{,}5 + \frac{7}{100} \cdot \left(1 + \frac{1}{10} + \left(\frac{1}{10}\right)^2 + \ldots\right) =$$

$$\frac{25}{10} + \frac{7}{100} \cdot \frac{1}{1-0{,}1} = \frac{5}{2} + \frac{7}{100} \cdot \frac{10}{9} = \frac{225}{90} + \frac{7}{90} = \frac{232}{90}.$$

$$0{,}6\dot{4}\dot{5} = 0{,}6 + \frac{45}{1000} + \frac{45}{100000} + \ldots = 0{,}6 + \frac{45}{1000} \cdot \left(1 + \frac{1}{100} + \left(\frac{1}{100}\right)^2 + \right.$$

$$\left.\ldots\right) = \frac{6}{10} + \frac{45}{1000} \cdot \frac{1}{1-0{,}01} = \frac{3}{5} + \frac{45}{1000} \cdot \frac{100}{99} = \frac{66}{110} + \frac{5}{110} = \frac{71}{110}.$$

Beispiel 3 – Kettenbriefe: Jemand verschickt 4 Briefe mit der Bitte, jeder Empfänger möge ebenfalls 4 Briefe mit der gleichen Bitte verschicken, usw. Angenommen, alle Empfänger kommen der Bitte nach: Wieviele Briefe wurden nach 8 Durchgängen verschickt? $a_1 = q = 4$ ergibt $s_8 = 4 \cdot \frac{4^8 - 1}{3} = 87.380$ Briefe.

Beispiel 4: Wieviele verschiedene Gewichte sind nötig, um auf einer Küchenwaage mit zwei Schalen Lasten zwischen einem und 63 dag abzuwiegen, wenn nur eine Waagschale als Gewichtschale verwendet wird? Beginnend mit Gewichten von 1 dag und 2 dag ergibt sich als nächstfolgendes Gewicht 4 dag, dann 8 dag, 16 dag und 32 dag. Das sind die ersten sechs Summanden der geom. Reihe mit $a_1 = 1$, $q = 2$ und $s_6 = \frac{2^6 - 1}{2 - 1} = 63$

Beispiel 5 – Das BACHET-Problem: Eine mathem. Legende besagt, dass ein 40 Pfund schwerer Stein durch Zufall in vier Teile zersprang, mit denen auf einer Balkenwaage Lasten zwischen einem und 40 Pfund abgewogen werden konnten, sofern beide Schalen als Gewichtschalen genutzt werden. Hat der kleinste Brocken 1 Pfund und der nächstgrößere 3 Pfund, dann lassen sich damit Lasten von 1, $2 = 3 - 1$, 3 und $4 = 1 + 3$ Pfund abwiegen. Für 5 Pfund braucht man einen 9 Pfund schweren dritten Brocken ($5 = 9 - 4$, usw. bis $13 = 1 + 3 + 9$) und schließlich noch den 27 Pfund schweren vierten Brocken Die Lösung des *BACHET-Problems* lautet also 1, 3, 9 und 27, das sind die ersten vier Summanden der geom. Reihe mit $a_1 = 1$, $q = 3$ und $s_4 = 40$.

Beispiel 6 – Die Weizenkornlegende: Dem indischen König Sheram präsentierte der junge Sissa ein neues Brettspiel mit 64 Feldern und 32 Spielfiguren, das Schachspiel. Der König war begeistert und wollte Sissa dafür belohnen. Nach anfänglichem Weigern sprach Sissa: „Legt ein Weizenkorn auf das erste Quadrat des Bretts, zwei auf das zweite, vier auf das dritte und so weiter, verdoppelt also die Anzahl der Körner je Quadrat und gebt mir die daraus resultierende Gesamtzahl an Weizenkörnern." Der König war zunächst überrascht über den vermeintlich bescheidenen Wunsch, bis ihm sein Rechenmeister bekannt geben musste, dass es sich um ca. 654 Milliarden Tonnen Weizen handle, welche unmöglich aufzutreiben wären, ja nicht einmal innerhalb von 100 Jahren produziert werden könnten.

$$\sum_{i=1}^{64} 2^{i-1} = 2^{64} - 1 = 18\ 446\ 744\ 073\ 709\ 551\ 615 \text{ Weizenkörner.}$$ Wird

die Tonne mit ca. 28 200 000 Körnern beziffert, so kommt man zu dem obigen Resultat.

Beispiel 7 - Archilles und die Schildkröte: Der Sophist Zeno von Elea verbreitete um 500 v. Chr. folgende Lehrmeinung: „Archilles verfolgt eine Schildkröte, die sich 1 Stadion ($\approx$ 185 m) von ihm entfernt befindet. Er läuft zehnmal so schnell wie die Schildkröte, sodass sie ihm um $\frac{1}{10}$ Stadion voraus ist, wenn er an der Stelle eintrifft, wo sie zu Anfang stand; durchläuft er nun diese kurze Strecke, so hat sie doch noch einen Vorsprung von $\frac{1}{100}$ Stadion usw. Archilles wird also die Schildkröte niemals erreichen." Der Trugschluss besteht darin, dass der Weg, den Archilles bis zum Einholen der Schildkröte zurücklegt, die endliche Summe einer unendlichen geom. Reihe mit $a_1 = 1$ und $q = \frac{1}{10}$ ist:

$$s = \sum_{n=1}^{\infty} \left(\frac{1}{10}\right)^{n-1} = 1 + \frac{1}{10} + \frac{1}{100} + \dots = \frac{1}{1 - \frac{1}{10}} = \frac{10}{9} = 1\frac{1}{9} \text{ Stadien}$$

Beispiel 8 – Roulette: Die einzige mir bekannte und ziemlich sichere Methode, bei diesem Spiel einen Gewinn zu erzielen, besteht darin, im Verlauf eines Zyklus (= vom ersten Einsatz a_1 bis zum ersten Treffer t) immer auf dieselbe Abteilung (Rot od. Schwarz, Gerade od. Ungerade, Niedrig od. Hoch) zu setzen und den Einsatz a_1 solange (auf $2a_1$, $4a_1$, $8a_1$ usw.) zu verdoppeln, bis sich nach n Einsätzen ein Treffer $t = 2a_1 \cdot 2^{n-1} = a_1 \cdot 2^n$ (= das Doppelte des letzten Einsatzes) einstellt. Diesem Gewinn stehen als Kosten die n Einsätze gegenüber, die sich auf $s_n = a_1 \cdot \dfrac{2^n - 1}{2 - 1} = a_1 \cdot 2^n - a_1$ summiert haben, sodass vom Gewinn nur $t - s_n = a_1$ übrig bleibt.

Das Ergebnis ist bescheiden und außerdem von der Wahrscheinlichkeit abhängig, wann eine „Pechserie" endet. Denn in den (meisten) Spielcasinos ist der Einsatz nach oben hin limitiert. Allerdings beträgt die Wahrscheinlichkeit p, dass z. B. siebenmal hintereinander die falsche Farbe oder die 0 kommt, $\left(\dfrac{19}{37}\right)^7 \approx 0{,}0094$; die Gegenwahrscheinlichkeit $1 - p$, dass im 7. Durchlauf die gesetzte Farbe kommt, liegt also bereits bei über 99 Prozent.

Beispiel 9: Zwei Personen A und B schießen abwechselnd auf ein Ziel, bis dieses getroffen wird. Erfahrungsgemäß erzielt A bei 10 Schüssen im Mittel 4 Treffer und B bei je 20 Schüssen 5 Treffer. **a)** Wie groß ist die Wahrscheinlichkeit, dass A das Ziel als erster trifft, wenn er beginnt? **b)** Wie groß ist die Wahrscheinlichkeit, dass B das Ziel als erster trifft, wenn er beginnt?

Der Verlauf ist für den zuerst Schießenden günstig, wenn er trifft, bevor der Konkurrent trifft, und sei es auch nach noch so vielen Schusswechseln. Unter Benützung des Multiplikations- und des Additionssatzes der Wahrscheinlichkeitsrechnung läuft das auf die Summe einer unendlichen geom. Reihe hinaus, und zwar wie folgt:

a) Der bessere Schütze A mit der Trefferwahrscheinlichkeit $\dfrac{4}{10} = \dfrac{2}{5}$ trifft nach $n = 0, 1, 2, \ldots$ vergeblichen Versuchen, was zu $\dfrac{3}{5} = 1 - \dfrac{2}{5}$ wahrscheinlich ist, während B (Trefferwahrscheinlichkeit $\dfrac{5}{20} = \dfrac{1}{4}$) mit $\dfrac{3}{4} = 1 - \dfrac{1}{4}$ Wahrscheinlichkeit nie trifft: $p = \dfrac{2}{5}$ (A trifft beim 1.

Versuch) + $\frac{3}{5} \cdot \frac{3}{4} \cdot \frac{2}{5}$ (A trifft nach Fehlschuss und Fehlschuss von B

im 2. Versuch) + $\left(\frac{9}{20}\right)^2 \cdot \frac{2}{5}$ (A trifft beim 3. Versuch) usw., also p =

$\frac{2}{5} \cdot (1 + \frac{9}{20} + \left(\frac{9}{20}\right)^2 + ...) = \frac{2}{5} \cdot \frac{20}{11} = \frac{8}{11} \approx 73$ %. Damit beträgt die
Wahrscheinlichkeit, dass B den „Wettkampf" gewinnt, nur ca. 27 %,
falls A beginnt.

b) Der schlechtere Schütze B beginnt und trifft nach seinem ersten,

zweiten, dritten, ... Schuss, während A nie trifft: p = $\frac{1}{4} + \frac{3}{4} \cdot \frac{3}{5} \cdot \frac{1}{4} +$

$\left(\frac{9}{20}\right)^2 \cdot \frac{1}{4} + ... = \frac{1}{4} \cdot (1 + \frac{9}{20} + \left(\frac{9}{20}\right)^2 + ...) = \frac{1}{4} \cdot \frac{20}{11} = \frac{5}{11} \approx 45$ %. Damit beträgt die Wahrscheinlichkeit, dass A den „Wettkampf" ge-
winnt, nur ca. 55 %, falls B beginnt.

Beispiel 10: Eines unter vielen pla-
nimetrischen und stereometrischen
Beispielen zu konvergenten geom.
Reihen ist das folgende: Einem
gleichschenkligen Dreieck ABC mit
der Basislänge $\overline{AB}$ = c = 5 cm und
der Höhe h = 10 cm wird ein Qua-
drat so eingeschrieben, dass eine
Quadratseite auf der Basis AB liegt,
dann dem darüber verbleibenden
gleichsch. Dreieck wieder ein solches Quadrat usw. Welchen Flächeninhalt A haben alle Quadrate
zusammen? In welchen Verhältnis
steht der Flächeninhalt des Dreiecks
zur Summe der Flächeninhalte aller
eingeschriebenen Quadrate?

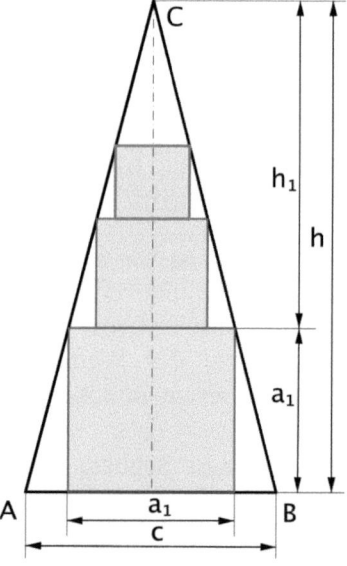

$$c : h = 1 : 2 = a_1 : h_1 = a_1 : (10 - a_1) \Rightarrow a_1 = \frac{10}{3} \Rightarrow a_1^2 = \frac{100}{9}$$

$$1 : 2 = a_2 : (10 - a_1 - a_2) = a_2 : (\frac{20}{3} - a_2) \Rightarrow a_2 = \frac{20}{9} = a_1 \cdot \frac{2}{3} \Rightarrow a_2^2 = a_1^2 \cdot \frac{4}{9}$$

$$1 : 2 = a_3 : (10 - a_1 - a_2 - a_3) \Rightarrow a_3 = \frac{40}{27} = a_1 \cdot \frac{4}{9} \Rightarrow a_3{}^2 = a_1{}^2 \cdot \left(\frac{4}{9}\right)^2$$

$$A = a_1{}^2 + a_2{}^2 + a_3{}^2 + \ldots = a_1{}^2 \cdot \sum_{n=1}^{\infty}\left(\frac{4}{9}\right)^{n-1} = \frac{100}{9} \cdot \frac{1}{1 - \frac{4}{9}} = \frac{100}{9} \cdot \frac{9}{5} = 20 \ \text{cm}^2$$

Das Dreieck hat einen Flächeninhalt von $\frac{c.h}{2} = 25 \ \text{cm}^2$, das gefragte Verhältnis lautet daher 5 : 4.

5.6 Vorschläge zum Selbermachen

A) Durch vollst. Induktion beweisen:

a) $\sum_{i=1}^{n} \frac{1}{i.(i+1)} = \frac{n}{n+1}$, **b)** $\sum_{i=1}^{n}(-1)^{i-1}.i^2 = \frac{(-1)^{n-1}.n.(n+1)}{2}$

B) Formeln für die Summen natürl. Zahlen erstellen: **a)** Alle durch 4 teilbaren Zahlen. **b)** Alle bei Division durch 6 den Rest 1 ergebenden Zahlen.

C) Ein Brunnen von 10 m Tiefe muss händisch ausgehoben werden. Für den ersten Tiefenmeter werden 50 €, für jeden folgenden Meter um 25 € mehr als für den vorhergehenden gezahlt. Was kostet die Aushebung des ganzen Brunnens?

D) Nachweisen, dass 8128 eine vollkommene Zahl ist.

E) Nachweisen, dass für die ersten vier vollkommenen Zahlen das bereits EUKLID bekannte Bildungsgesetz $2^{n-1}.(2^n - 1)$ mit n = 2, 3, 5 bzw. 7, also für die ersten vier Primzahlen, gilt.

F) Alle acht röm. Zahlen angeben, bei denen alle sieben röm. Ziffern genau einmal auftreten.

G) Die Dezimalzahlen **a)** $0,5\dot4$, **b)** $2,1\dot9$, **c)** $3,1\dot7\dot8$, **d)** $2,0\dot6\dot3$ als Brüche darstellen.

H) BACHET-Problem: Wie kommt **a)** 20, **b)** 32, **c)** 38 zustande?

I) Die Figur von Beispiel 10 kann **a)** als Aufriss einer quadr. Pyramide mit eingeschriebenen Würfeln, **b)** als Aufriss eines Drehkegels mit eingeschriebenen gleichseitigen Zylindern (2r = h) interpretiert werden. Wie verhält sich das Volumen der Pyramide bzw. des Kegels zur Summe der Volumina der eingeschriebenen Körper?

J) Einem gleichsch. Dreieck mit der Basislänge c = 4 cm und der Höhe h = $4 \cdot \sqrt{2}$ cm werden Kreise eingeschrieben, wie es die nebenstehende Figur zeigt. In welchem Verhältnis steht der Flächeninhalt des Dreiecks zur Summe der Flächeninhalte aller eingeschriebenen Kreise?

K) Die Figur kann als Aufriss eines Drehkegels mit eingeschriebenen Kugeln interpretiert werden. In welchem Verhältnis steht das Kegelvolumen zur Summe aller Kugelvolumina?

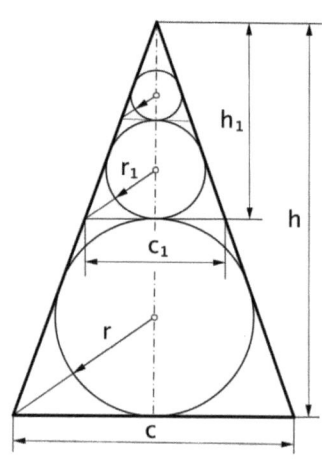

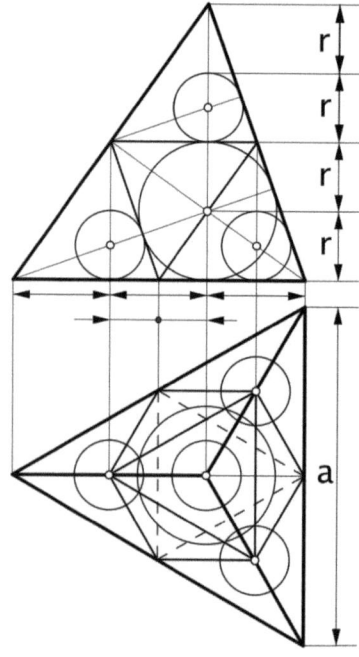

Für den Radius r des Inkreises eines Dreiecks (Flächeninhalt A, halber Umfang s) gilt die Formel $r = \dfrac{A}{s}$, siehe z. B. IRdG I, Seite 45.

L) Einem regelm. Tetraeder ist die Inkugel einzuschreiben, weitere Kugeln kann man berührend einpassen **a)** in die Ecken des Tetraeders, **b)** in das ganze Tetraeder. In welchem Verhältnis steht die Summe aller Kugelvolumina zum Volumen der Inkugel mit dem Radius r?

Hinweis: $r = \dfrac{a \cdot \sqrt{6}}{12}$, siehe z. B. IRdG II, Seite 57. Die Formel wird hier aber nicht benötigt.

6. Zinseszins-
und Rentenrechnung

Dieser Abschnitt enthält eine Anwendung der Theorie der geometrischen Folgen und Reihen, die in der Geldwirtschaft von größter Bedeutung ist. Im Unterschied zu allen natürlichen Wachstums- und Zerfallsprozessen, welche kontinuierlich stattfinden und durch stetige Funktionen beschrieben werden, finden Wachstum und Schrumpfung in der Geldwirtschaft *diskret*, d. h. abgestuft, statt. Gleichwohl bildet die Zinseszinsrechnung auch für natürliche Wachstumsprozesse, wie z. B. die Bevölkerungsentwicklung, ein wertvolles Hilfsmittel.

6.1 Einfache Zinsen

Ein bestimmter Geldbetrag, das *Kapital* K, trägt *Zinsen* Z, die sich nach einem vereinbarten *Jahreszinssatz* p % und dem Zeitraum t richten, für welchen K und p konstant bleiben. Üblicherweise wird <u>einem</u> Jahr der Wert t = 1 zugeordnet, <u>einem</u> Quartal der Wert t = $\frac{1}{4}$, <u>einem</u> Monat der Wert t = $\frac{1}{12}$ und <u>einem</u> Tag der Wert t = $\frac{1}{360}$. Die Formel für die sogenannten *einfachen Zinsen* lautet Z = $\frac{K \cdot p \cdot t}{100}$, die Formel für das in der Zeit t angewachsene Kapital K(t) daher

$$K(t) = K + Z = K + \frac{K \cdot p \cdot t}{100} = K \cdot (1 + \frac{p \cdot t}{100})$$

Der Faktor q = 1 + $\frac{p \cdot t}{100}$ wird als *Zinsfaktor* (i. A. *Aufzinsungsfaktor*), das Anfangskapital als *Barwert* und das um die Zinsen vermehrte Kapital als *Endwert* bezeichnet. Der Barwert ergibt sich aus dem Endwert durch „Abzinsen" mit dem Faktor $q^{-1} < 1$.

Bemerkung 1: Es ist eine Frage der Ethik, ob überhaupt und in welcher Höhe eine Zinsenbelastung für verliehenes Kapital gerechtfertigt ist. Während die jüdische Religion Zinsgeschäfte immer erlaubt hat, waren solche für Christen bis ins 16. Jahrhundert hinein verboten; danach wurde das Verbot schrittweise aufgehoben. Das heutige Kirchenrecht orientiert sich an den staatlichen Vorgaben.

Bemerkung 2: Im Bankwesen unterscheidet man zwischen *Sollzinsen*, die der Kunde für Kredite zahlen muss, sowie *Habenzinsen*, welche die Bank an den Kunden für Spareinlagen zu bezahlen hat. Für den Tag einer Einlage oder Abhebung werden keine Zinsen berechnet; ein Bank-Monat hat 30 Tage, endet also immer am 30.; ein Bank-Jahr hat 360 Tage. Das der Angabe des Zinssatzes gerne beigefügte p. a. ist die Abkürzung für lat. pro (od. per) anno „pro Jahr".

Bemerkung 3: Im Falle eines negativen Zinssatzes entstehen *Negativzinsen*, welche den Barwert vermindern. In unsicheren Zeiten werden solche gelegentlich von Banken dafür verlangt, dass die Einlage „sicher" ist. Kapitalverminderung entsteht allerdings auch durch Geldentwertung (Inflation), wobei unter der *Inflationsrate* allerdings jener Prozentsatz zu verstehen ist, um den die im definierten „Warenkorb" enthaltenen Waren im Jahresabstand teurer geworden sind.

Beispiel 1: Wieviel an einfachen Zinsen bringt ein für 5 Monate zu 6 % p. a. verliehener Betrag von 2.000 €?

$$Z = \frac{2000.6.5}{100.12} = \frac{10000}{200} = 50 €$$

Beispiel 2: Auf ein am 1. April mit 64.157 € belastetes Darlehenskonto werden eingezahlt: 1.500 € am 4. April, 1.000 € am 9. Mai und 3.500 € am 30. Mai. Wieviel Zinsen (p = 2,25 % p. a.) fallen im 2. Quartal an, wenn jeder Monat zu 30 Tagen gerechnet wird?

$$Z = 64157.\frac{2,25.4}{100.360} + (64157 - 1500).\frac{2,25.35}{100.360} + (62657 - 1000).\frac{2,25.21}{100.360} + (61657 - 3500).\frac{2,25}{100.12} = 343,07 €$$

In dieser Art werden die Quartalszinsen für einen *Kontokorrentkredit* berechnet, bei dem Inanspruchnahme und Tilgung flexibel innerhalb eines vereinbarten Kreditrahmens erfolgen.

Beispiel 3 – Inflationsrate: Der Wert der im Warenkorb enthaltenen Waren ist im Jahresabstand von 2550 € auf 2596 € gestiegen. Wie hoch ist die Inflationsrate?

$$2596 = 2550.(1 + \frac{p}{100}) \Rightarrow 2596 = 25,5. (100 + p) \Rightarrow p \approx 1,8 \%$$

Beispiel 4: Ein Betrag von 2.550 € liegt zu 0,5 % p. a. auf dem Sparbuch. Wieviel Prozent von diesem Betrag geht aufgrund der Inflationsrate von 1,8 % pro Jahr verloren?

Der Zinsgewinn beträgt 0,5 % von 2550 €, das sind 12,75 €. Gleichzeitig hat der Geldwert (nach Beispiel 3) um 46 € abgenommen, sodass ein echter Verlust von 33,25 € entstanden ist. Aus $-33,25 = \frac{2550.p}{100}$ errechnet sich daraus ein negativer Zinssatz von $p \approx -1,3 \%$.

Rendite: Die Beispiele 3 und 4 rechtfertigen die Regel, dass sich die *Rendite*, das ist der jährliche Ertrag einer Geldanlage, aus dem Zinssatz abzüglich der Inflationsrate errechnet. Für die Berechnung des inflationsbereinigten Gewinns oder Verlusts ist in der für K(t) angegebenen Formel das p daher entsprechend zu bereinigen:

$$K(1) = 2550.(1 - \frac{1,3}{100}) = 25,5.98,7 = 2516,85 \text{ €, das sind } 33,15 \text{ €}$$

Verlust gegenüber der Einlage. (Die Differenz von 0,1 € gegenüber dem Ergebnis von Beispiel 4 ist eine Folge der Rundung bei den Prozentsätzen.)

6.2 Zinseszinsen

Der Gedanke, die in einem gewissen Zeitabschnitt für ein Kapital K_0 aufgelaufenen Zinsen Z_1 diesem Kapital zuzuschlagen und ab dann die Zinsen für $K_1 = K_0 + Z_1$, also auch Zinsen für Zinsen, d. h. *Zinseszinsen*, zu verrechnen, usw., liegt auf der Hand. Auf diese Weise entsteht eine geometrische Folge $\langle K_0, K_1, K_2, K_3, K_4, ..., K_n \rangle$, welche für Aufzinsungsfaktoren (q > 1) mehr oder weniger rasant anwächst, was eine von Schuldnern oft unterschätzte Gefahr darstellt. (Eine sinnvolle Alternative zur Verrechnung von Zinseszinsen besteht darin, die Zinsen pro vereinbartem Zeitabschnitt bar zu bezahlen, also etwa bei Beispiel 1 aus UA 6.1 zehn Euro zu Ende eines jeden Monats.)

Das Anwachsen ist sehr stark vom Zinssatz p und ein wenig auch vom Zeitintervall abhängig, in dem eine *Kapitalisierung* der Zinsen, also ein Hinzuzählen zum bisherigen Kapital stattfindet. In dieser Hinsicht ist die schwächste Form eine jährliche Kapitalisierung, ge-folgt von der halbjährlichen und der vierteljährlichen Kapitalisie-rung. Eine monatliche oder eine tägliche Kapitalisierung bringt für den Darlehensgeber kaum noch Vorteile, wie anhand von Beispielen zu zeigen sein wird. Angesichts des manipulativen Mehraufwandes ist eine unter das Quartal gehende Kapitalisierung also eher unüblich.

Jährliche Kapitalisierung: Die einfachen Zinsen Z_1 werden erst am Ende eines Jahres dem Anfangskapital K_0 zugezählt und mit diesem weiterverzinst:

$$K_1 = K_0 + Z_1 = K_0 + K_0 \cdot \frac{p}{100} = K_0 \cdot (1 + \frac{p}{100}) = K_0 \cdot q$$

Ein Jahr danach, also nach insgesamt 2 Jahren, ist das Anfangskapi-tal K_0 mit Zinsen und Zinseszinsen auf den Wert K_2 angewachsen, für den folgende Formel gilt:

$$K_2 = K_1 + K_1 \cdot \frac{p}{100} = K_1 \cdot (1 + \frac{p}{100}) = K_1 \cdot q = K_0 \cdot q \cdot q = K_0 \cdot q^2$$

Daraus folgt die Formel für a Jahre (lat. annus „Jahr"):

$$\boxed{K_a = K_0 \cdot q^a = K_0 \cdot (1 + \frac{p}{100})^a}$$

Vierteljährliche Kapitalisierung: Die Zinsen werden zu Ende jedes Quartals dem Kapital zugeschlagen mit dem Aufzinsungsfaktor $q_Q = 1 + \frac{p}{400}$. Der dem Jahreszinssatz p entsprechende jährliche Aufzin-sungsfaktor q beträgt danach $(1 + \frac{p}{400})^4$ und nach a Jahren errechnet sich das Kapital K_a daher nach der Formel

$$\boxed{K_a = K_0 \cdot (1 + \frac{p}{400})^{4a}}$$

Die Formeln für eine monatliche und für eine tägliche Kapitalisierung ergeben sich analog und werden beim folgenden Beispiel angewendet.

Beispiel: Auf welchen Betrag K_5 wächst ein mit $p = 2,25$ % verzinstes Kapital von $K_0 = 1.000$ € in 5 Jahren bei **a)** jährlicher, **b)** vierteljährlicher, **c)** monatlicher, **d)** täglicher Kapitalisierung an?

a) $K_5 = 1000 \cdot (1 + \dfrac{2,5}{100})^5 = 1000 \cdot 1,025^5 \approx 1000 \cdot 1,13141 = 1.131,41$ €

b) $K_5 = K_0 \cdot (1 + \dfrac{2,5}{400})^{20} = K_0 \cdot 1,00625^{20} \approx 1000 \cdot 1,13271 = 1.132,71$ €

c) $K_5 = K_0 \cdot (1 + \dfrac{2,5}{1200})^{60} \approx K_0 \cdot 1,00208^{60} \approx K_0 \cdot 1,13300 = 1.133,00$ €

d) $K_5 = K_0 \cdot (1 + \dfrac{2,5}{36000})^{1800} \approx 1000 \cdot 1,13314 = 1.133,14$ €

Das Beispiel zeigt, dass eine Kapitalisierung, die unter der vierteljährlichen liegt, den Mehraufwand kaum lohnt, sofern es sich nicht um ein sehr hohes Kapital und einen sehr hohen Zinssatz handelt.

6.3 Stetige Verzinsung und EULERsche Zahl

Unbeschadet des zuletzt Gesagten sei nun auf den Fall eingegangen, dass sich das Kapital in jedem Augenblick verzinst, was als *stetige Verzinsung* bezeichnet wird.

Teilt man das Jahr in n gleich lange Kapitalisierungsabschnitte, dann lautet die allgemeine Formel, nach der das Kapital K_1 aus K_0 und dem Jahreszinssatz p berechnet werden kann, wie folgt:

$$K_1 = K_0 \cdot (1 + \frac{p}{100\,n})^n$$

Für $K_0 = 1$, $p = 100$ % und $n \to \infty$ durchläuft K_1 eine unendliche Folge mit dem Bildungsgesetz $a_n = \left(1 + \dfrac{1}{n}\right)^n$, deren transzendenter Grenzwert von Leonhard EULER mit e – wahrscheinlich für „exponentiell" – bezeichnet wurde und wovon er 1748 die ersten 23 Dezimalen berechnet hat. Diese *EULERsche Zahl* spielt in der Mathematik, z. B. als Basis des natürlichen Logarithmus ln x ($\Rightarrow$ ln e = 1), und in den Naturwissenschaften zur Beschreibung von Wachstums- und Zerfallsprozessen, eine beherrschende Rolle.

$$\left\langle 2, \frac{9}{4}, \frac{64}{27}, \frac{625}{256}, \frac{7776}{3125}, ... \right\rangle \rightarrow e = 2,71828...$$

Die Folge konvergiert sehr „schwach", für n = 1000 erhält man $1,001^{1000} = 2,71692...$, für n = 1000000 dann allerdings bereits die ersten fünf Dezimalen: $1,000001^{1000000} = 2,71828....$

Wesentlich früher kommt man an die Zahl e durch die folgende Reihenentwicklung heran, für welche der binomische Lehrsatz die Begründung liefert:

$$e = \sum_{k=0}^{\infty} \frac{1}{k!} = \frac{1}{0!} + \frac{1}{1!} + \frac{1}{2!} + \frac{1}{3!} + \frac{1}{4!} + \frac{1}{5!} + \frac{1}{6!} + ...$$

Deren Partialsummenfolge lautet nämlich wie folgt:

$$\left\langle 1;\ 2;\ 2,5;\ 2,\dot{6};\ 2,708\dot{3};\ 2,71\dot{6};\ 2,7180\dot{5};\ ... \right\rangle \rightarrow e = 2,71828...$$

Wird auf das Binom $\left(1 + \dfrac{1}{n}\right)^n$ der entsprechende Lehrsatz angewendet, so entsteht die Reihe $\dbinom{n}{0} + \dbinom{n}{1} \cdot \dfrac{1}{n} + \dbinom{n}{2} \cdot \dfrac{1}{n^2} + ...$, jedes Glied dieser Reihe hat die Bauart

$$\binom{n}{k} \cdot \frac{1}{n^k} = \frac{n \cdot (n-1)...(n-k+1)}{n^k \cdot k!} = \frac{n^k + a_{k-1} \cdot n^{k-1} + a_{k-2} \cdot n^{k-2} + ... + a_1 \cdot n}{n^k \cdot k!}$$

Führt man für jedes solche Glied den Grenzübergang $n \rightarrow \infty$ nach der in UA 2.4 erläuterten Methode (Division von Zähler und Nenner durch n^k) durch, so entsteht die oben genannte Reihe.

Kehren wir nun zu der auf ein Jahr gerechneten stetigen Verzinsung zurück und ersetzen wir in der Ausgangsformel $\dfrac{p}{100\,n}$ durch $\dfrac{1}{m}$,

woraus $n = m \cdot \dfrac{p}{100}$ folgt. Dann wird daraus $K_1 = K_0 \cdot (1 + \dfrac{1}{m})^{m \cdot \frac{p}{100}}$. Darin ist m zwar i. A. keine natürliche Zahl, wohl aber direkt proportional zu n, sodass beim Grenzübergang $n \to \infty$ auch m über alle Grenzen geht und $(1 + \dfrac{1}{m})^m$ damit den Wert e annimmt. Der zu p gehörige jährliche Aufzinsungsfaktor q beträgt bei einer stetigen Verzinsung also $e^{\frac{p}{100}}$, und daraus ergibt sich für a Jahre die Formel

$$K_a = K_0 \cdot e^{\frac{p}{100} \cdot a}$$

Natürlich gilt diese Formel auch für Bruchteile von a, wie etwa $\dfrac{a}{12}$ für einen Monat oder $\dfrac{a}{4}$ für ein Quartal. Nichts illustriert die Stringenz der hier angestellten Überlegungen besser als die Berechnung des Endwertes K_5 aus dem Beispiel von UA 6.2 nach dieser Formel:

$K_5 = 1000 \cdot e^{\frac{2,5}{100} \cdot 5} = 1000 \cdot e^{0,125} \approx 1000 \cdot 1,13315 = 1.133,15\ \text{€}$. Die Differenz zur täglichen Verzinsung beträgt gerade einmal einen Cent.

Im Bankwesen kommt der stetigen Verzinsung keine große Bedeutung zu, wohl aber bei allen Wachstums- oder Schrumpfungsprozessen, die kontinuierlich nach einem festen Prozentsatz erfolgen. So etwa für die Berechnung der Teuerung bei einer konstanten jährlichen Inflationsrate und für das Bevölkerungswachstum bei einer konstanten jährlichen Wachstumsrate.

Beispiel: Eine Stadt, welche gegenwärtig 79.000 Einwohner zählt, hatte vor 20 Jahren nur 63.000 Einwohner. Nach wieviel Jahren von jetzt an wird sie 100.000 Einwohner zählen, wenn sich die jährliche Zuwachsrate nicht ändert?

$79000 = 63000 \cdot e^{\frac{p}{100} \cdot 20} \Rightarrow \dfrac{79}{63} = e^{\frac{p}{5}} \Rightarrow \ln\dfrac{79}{63} = \dfrac{p}{5} \cdot \ln e \Rightarrow p = 5 \cdot \ln\dfrac{79}{63}$

$100000 = 79000 \cdot e^{\frac{5}{100} \cdot \ln\frac{79}{63} \cdot a} \Rightarrow \ln\dfrac{100}{79} = \dfrac{1}{20} \cdot \ln\dfrac{79}{63} \cdot a \Rightarrow a \approx 20,83\ \text{Jahre}$

6.4 Eine nützliche Faustregel

Für die Verdoppelung eines Kapitals K_0 in Abhängigkeit vom Jahreszinssatz p und vom Zeitintervall a (in Jahren) gilt die Faustregel

$$p.a = 70$$

Danach verdoppelt sich ein zu 2 % veranlagtes Kapital in etwa 35 Jahren, ein zu 10 % angelegtes Kapital aber bereits nach 7 Jahren. Die Regel belegt in aller Deutlichkeit, wie sehr der Kapitalzuwachs bzw. im Falle eines Darlehens der Schuldenzuwachs von der Höhe des Zinssatzes p abhängig ist, während die Kapitalisierungsintervalle eine vergleichsweise geringe Rolle spielen. Der folgenden Rechnung, bei der (wie schon beim Beispiel aus UA 6.3) eine Exponentialgleichung durch Logarithmieren aufgelöst wird, liegt (wegen ln e = 1) eine stetige Verzinsung zugrunde:

$$2K_0 = K_0 . \ e^{\frac{p}{100} . a} \Rightarrow \ln 2 = \ln \ e^{\frac{p}{100} . a} = \frac{p}{100} . a . \ln e \Rightarrow 100 . \ln 2 = p.a$$

Der Wert $100 . \ln 2 \approx 69{,}315$ bestätigt die Faustregel.

6.5 Rentenrechnung

Schöne Beispiele für das Auftreten divergenter geometrischer Reihen bildet das traditionell als *Rentenrechnung* bezeichnete Teilgebiet der Geldrechnung, in dem es um regelmäßige Einzahlungen („Prämien") und Auszahlungen („Renten") unter Berücksichtigung von Zinseszinsen geht. Ein prominenter Anwendungsbereich, das Kredit- und Ratengeschäft, würde wohl auch die Bezeichnung „Ratenrechnung" rechtfertigen.

Die für das Ermitteln einer Formel grundsätzliche Fragestellung ist die Folgende: Wie lautet der Endwert E_n nach n Einzahlungen eines bestimmten Betrages R zu Beginn oder Ende eines jeden Jahres/Quartals/Monats, wenn die eingezahlten Raten mit dem festen Jahreszinssatz p % bei jährlicher/vierteljährlicher/monatlicher Kapitalisierung verzinst werden? Bei einem *nachschüssig*, d. h. jeweils zum Ende eines Jahres/Quartals/Monats eingezahlten Betrag R kommt nach n Einzahlungen der folgende Endwert E_n zustande:

$$E_n = R + Rq + Rq^2 + \dots + Rq^{n-1} = R.(1 + q + q^2 + \dots + q^{n-1}) = R.\frac{q^n - 1}{q - 1}$$

Diese Summe setzt sich aus dem zuletzt eingezahlten Betrag (unverzinst), der einfach verzinsten vorletzten Prämie usw. bis zu der über n − 1 Zeitabschnitte verzinsten ersten Prämie zusammen. Bei einer *vorschüssig*, also zu Beginn eines jeden Jahres/Quartals/Monats erfolgenden Einzahlung ist das obige E_n noch mit q zu multiplizieren.

Beispiel: Was erbringt eine **a)** jährliche vorschüssige Prämienzahlung von je 1.200 €, **b)** monatliche vorschüssige Prämienzahlung von je 100 € bei 6 % Zinsen p. a. nach fünf Jahren für einen Endwert?

a) $E_5 = 1200.(1 + \frac{6}{100}).\frac{1,06^5 - 1}{0,06} \approx 1200.1,06.5,6371 = 7.170,38$ €

b) $E_{60} = 100.(1 + \frac{6}{1200}).\frac{1,005^{60} - 1}{0,005} \approx 100.1,005.69,77 = 7.011,89$ €

Das Beispiel beleuchtet, dass in obiger Formel das n für verschiedene Zahlungsperioden (= Kapitalisierungperioden), nämlich Jahre oder Monate, allenfalls auch Quartale, steht und das q der zugehörige Aufzinsungsfaktor ist. Stimmen die Zahlungsperioden <u>nicht</u> mit den Kapitalisierungsperioden überein, so muss ein *äquivalenter Zinsfaktor* q* verwendet werden. Beim obigen Beispiel **a)** wäre bei vierteljährlicher Kapitalisierung das q* die vierte Potenz des Quartalsfaktors $q = 1 + \frac{6}{400} = 1,015$, also $q* \approx 1,06136$, und für E_5 ergäbe sich daraus ein Betrag von 7.199,10 €. Bei einer monatlichen Einzahlung und vierteljährlicher Kapitalisierung wäre q* jener Wert, dessen dreimalige Anwendung den Quartalsfaktor q ergibt, also $(q*)^3 = q$ oder $q* = \sqrt[3]{q}$. Beim obigen Beispiel **b)** wäre also mit $q* \approx 1,004975$ zu rechnen, was für E_{60} einen Betrag von 7.006,31 € ergäbe.

6.6 Ratenzahlungen

Nach Umfang und Praxisbezug sind Ratenzahlungen wohl die wichtigsten Anwendungen der Rentenrechnung. Ratenzahlungen dienen entweder der Tilgung einer nach Leistung einer Anzahlung verbliebenen Restschuld für eine Anschaffung oder zur Abzahlung eines Bankdarlehens durch regelmäßige Raten. (Bei solchen Darlehen fallen i. a. noch Vertragsgebühren und andere Nebenkosten an, während bei dem auf Seite 62 genannten Kontokorrentkredit von der Rahmenhöhe abhängige Bereitstellungsgebühren dazukommen.)

Die obige *Zeitskala* veranschaulicht folgenden Ablauf: Am Anfang steht der abzuzahlende Betrag K (= Barwert B_n), der in der ersten Periode mit dem Zinsfaktor q zu verzinsen ist. Nach Zahlung der ersten Rate R ist in der zweiten Periode dann nur mehr der Betrag Kq – R zu verzinsen, was $(Kq - R).q = Kq^2 - Rq$ ergibt, usw., bis in der letzten Periode schließlich nur mehr der dann noch offene Betrag $Kq^{n-1} - Rq^{n-2} - ... - R$ zu verzinsen ist, was genau dem Wert der letzten Rate entsprechen muss: $(Kq^{n-1} - Rq^{n-2} - ... - R).q = R$. Daraus ergibt sich die Formel

$$Kq^n = R.(q^{n-1} + q^{n-2} + ... + q + 1) = R.\frac{q^n - 1}{q - 1}$$

Wegen $E_n = B_n.q^n = K.q^n$ stimmt diese Formel mit der zur Berechnung des Endwerts bei nachschüssigen Prämienzahlungen bereits angegebenen Formel überein. Aus ihr kann bei gegebenem K und n oder R und n sowie p ($\Rightarrow$ q) die Rate R bzw. der Barwert K berechnet werden, oder bei gegebenem K, n und R der Jahreszinssatz p, Letzteres allerdings nur näherungsweise bzw. durch Probieren.

Beispiel 1: Mit welchen Monatsraten ist zu rechnen, wenn ein Bankdarlehen von 50.000,-- € zu einem Jahreszinssatz von 8 % und monatlicher Kapitalisierung in 5 Jahren nachschüssig zurückgezahlt werden soll?

$$K.q^n = 50000.(1 + \frac{8}{100.12})^{60} \approx 74492,285$$

$$R.\frac{q^n - 1}{q - 1} \approx R.\frac{1,0066667^{60} - 1}{0,0066667} \approx 73,4776.R$$

Durch Gleichsetzen der beiden Terme ergibt sich daraus eine Monatsrate R von 1.013,81 €, das macht eine Gesamt-Rückzahlung von 60.828,60 €, also Gesamtzinsen von 10.828,60 €, das sind ca. 21,66 % der Darlehenssumme.

Beispiel 2: Ein Flachbild-Fernseher kann um sofort zu bezahlende 999,-- € oder nach einer Anzahlung von 99,-- € mit 15 Monatsraten zu je 65,-- € abbezahlt werden. Die Schuld von 999 – 99 = 900 € wird also durch 15 nachschüssige Monatsraten zu je € 65,-- ausgeglichen; zusammen werden somit € 975,-- bezahlt, was eine Gesamt-Zinsenbelastung von € 75,-- ergibt. Der Jahreszinssatz p errechnet sich aus der Lösung $q = 1 + \dfrac{p}{1200}$ der Exponentialgleichung

$$900 \cdot q^{15} = 65 \cdot \frac{q^{15}-1}{q-1}$$

(Dabei wird stillschweigend eine monatliche Kapitalisierung vorausgesetzt.) Die Auflösung dieser Gleichung ist nur näherungsweise bzw. durch Probieren möglich.

Folgende Überlegung dient dazu, einen (ersten) Näherungswert zu bekommen: Weil sich die in den ersten 7 Monaten über $\dfrac{900}{2} = 450$ € liegende Restschuld mit der in den letzten 7 Monaten unter 450 € liegenden ungefähr ausgleicht und die Gesamtzinsen 75 € ausmachen, kann die Gleichung $75 = 450 \cdot \dfrac{p \cdot 15}{1200}$ so falsch nicht sein, was $p = \dfrac{40}{3} = 13,\dot{3}$ % ergibt, woraus $q = \dfrac{91}{90} = 1,0\dot{1}$ folgt. Einsetzen in die obige Gleichung ergibt links rund 1062,25 und rechts rund 1054,61. Versuchen wir es nun mit q = 1,01, so kommt links 1044,87 und rechts 1046,30. Der Jahreszinssatz liegt somit knapp über 12 %.

6.7 Vorschläge zum Selbermachen

A) Auf ein am 1. Oktober mit 39.380 € belastetes Darlehenskonto werden eingezahlt: 1.000 € am 14. Oktober, 1.000 € am 1. November und 4.000 € am 1. Dezember. Am 20. Dezember werden 1.500 € abgehoben. Wieviel Zinsen (p = 2 % p. a.) fallen im 4. Quartal an?

B) Für $K_0 = 1.000$ € und **a)** p = 7 %, **b)** p = 10 %, **c)** p = 14 % den Funktionszusammenhang $K_a = K_0.q^a$ für a = 1, 2, ..., 10 in einer Tabelle und durch eine Graphik darstellen.

C) Ein Kapital von 1.000,-- € liegt zu 6 % zehn Jahre auf der Bank. Wie groß ist K_{10} bei **a)** jährlicher, **b)** halbjährlicher, **c)** vierteljährlicher, **d)** monatlicher, **e)** täglicher, **f)** stetiger Kapitalisierung?

D) Ende 1980 betrug die Weltbevölkerung ca. 4,45 Mrd. Menschen und es wurde ein jährliches Wachstum von 1,7 % prognostiziert. Wieviele Menschen hätten danach **a)** zu Ende 1990, **b)** zu Ende 2000, **c)** zu Ende 2010 leben müssen? Tatsächlich waren es 5,32 Mrd. bzw. 6,13 Mrd. bzw. 6,92 Mrd. Menschen. **d)** Um wieviel Prozent ist die Bevölkerung im Mittel zwischen Ende 1980 und Ende 2010 jährlich tatsächlich angewachsen?

E) Die Jahres-Inflationsrate betrug in Österreich zwischen 1990 und 2010 im Mittel 1,905 %. Um wieviel Prozent hätte sich ein Jahreseinkommen in diesen 20 Jahren mindestens erhöhen müssen, um die Inflationsrate auszugleichen?

F) Jemand erwirbt ein Haus durch eine Sofortzahlung von 50.000 € sowie Zahlung von 10 nachschüssigen Jahresraten zu je 20.000 €. Welchen einmaligen Betrag hätte er statt dessen sofort zu erlegen (4 %, jährliche Kapitalisierung)?

G) Eine Gemeinde nimmt eine Anleihe von 1.000.000 € auf, die in 25 nachschüssigen Jahresraten zurückgezahlt werden soll. Wie hoch ist eine solche Rate bei einen Zinssatz von 3,5 % p. a. und jährlicher Kapitalisierung?

H) Welchen Betrag muss man (z. B. am 1. Jänner 2016) erlegen, um nach genau fünf Jahren eine Rente von je 1.000 € monatlich zehn Jahre hindurch, also in 120 vorschüssigen Raten, beziehen zu können (3 %, monatliche Kapitalisierung)?

7. Fraktale

Es würde den Rahmen dieses Büchleins sprengen, auf die faszinierende Welt der *fraktalen* („gebrochenen") *Geometrie* substantiell einzugehen, und die Darstellung ihrer schönsten Formen übersteigt auch meine technischen Möglichkeiten. Lediglich die einfachsten *Fraktale*, wie die Gebilde genannt werden, mit denen sich diese Geometrie beschäftigt, werden hier eine rechnerische Behandlung erfahren, weil dabei geom. Folgen und Reihen eine beherrschende Rolle spielen.

Damit soll allerdings auch belegt werden, dass die fraktale Geometrie so revolutionär nicht ist, wie ihr gelegentlich nachgesagt wird. Nach meinem Verständnis ist sie nur eine weitere Spielart schöpferischer Mathematik, die, sofern sie das Unendliche thematisiert, immer für Überraschungen gut ist. Dass man sich auf die Anschauung nicht immer verlassen kann, das lernt der Mathematik-Student übrigens schon in der Einführungsvorlesung.

7.1 KOCH-Kurve und Schneeflocke

Dabei handelt es sich um eine zwischen zwei festen endlichen Punkten A, B verlaufende Kurve von unendlicher Länge. Drei solche Kurven beranden eine schneeflockenförmige ebene Figur mit endlichem Flächeninhalt, aber unendlichem Umfang.

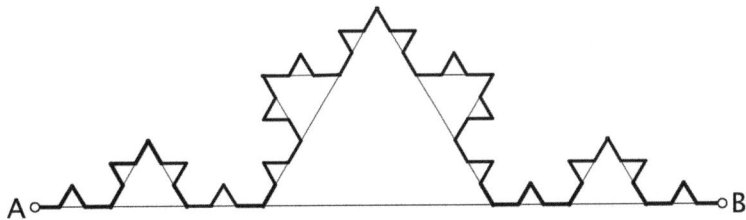

In der 1. Näherung wird die Strecke AB (Länge d) in drei gleich lange Teile geteilt und der mittlere Streckenabschnitt durch zwei Strecken ersetzt, die mit diesem ein gleichseitiges Dreieck bilden. In der 2. Näherung wird bei jeder der nunmehr vier Teilstrecken mit der Länge $\frac{d}{3}$ ebenso verfahren, in der 3. Näherung bei jeder der 16 Strecken mit der Länge $\frac{d}{9}$, usw. Die *KOCH-Kurve* entsteht, wenn dieses Verfahren ad infinitum fortgesetzt wird.

Die Länge der KOCH-Kurve: Bilden wir aus den Längen der zunehmend gegliederten Streckenzüge zwischen den Endpunkten A und B eine Zahlenfolge, so ist deren erstes Glied $a_1 = 4.\frac{d}{3}$, das zweite Glied $a_2 = 16.\frac{d}{9} = a_1.\frac{4}{3}$, das dritte Glied $a_3 = 64.\frac{d}{27} = a_1.\left(\frac{4}{3}\right)^2$ usw.

Es handelt sich somit um eine geom. Folge mit $q = \frac{4}{3} > 1$, und diese ist nach UA 3.2 divergent. Die Länge der KOCH-Kurve geht daher über alle Grenzen.

Bemerkung: Die den Maßzahlen der Streckenlängen beizufügende Benennung LE (Längeneinheit) ist unterdrückt worden. Ebenso im Weiteren FE (Flächeneinheit) und VE (Volumseinheit).

Die Fläche unter der KOCH-Kurve: Die Berechnung des Inhalts der Fläche, die von der Stecke AB und der KOCH-Kurve berandet wird, erfolgt mit Hilfe einer geom. Reihe. Ihr erstes Glied s_1 ist die Maßzahl A des Flächeninhaltes des gleichseitigen Dreiecks mit der Seitenlänge $\frac{d}{3}$ ($\Rightarrow A = \frac{d^2}{36}.\sqrt{3}$). Für s_2 kommen vier gleichseitige Dreiecke dazu, deren Flächeninhalt (nach der Bemerkung in UA 3.2) $\frac{A}{9}$ beträgt, also $s_2 = A + 4.\frac{A}{9}$. Für s_3 kommen $16.\frac{A}{81}$ dazu, usw. Das ergibt eine geom. Reihe mit dem Quotienten $q = \frac{4}{9}$ und der Summe

$$A^* = A.\left(1 + \frac{4}{9} + \left(\frac{4}{9}\right)^2 + ...\right) = A.\sum_{n=1}^{\infty}\left(\frac{4}{9}\right)^{n-1} = \frac{9A}{5}$$

Die Fläche A^* unter der KOCH-Kurve verhält sich zu A also wie 9 : 5.

Die Schneeflocke: Die *Schneeflocke* wird von drei KOCH-Kurven berandet, ihr Umfang geht daher über alle Grenzen. Ihre Fläche setzt sich aus einem gleichseitigen Dreieck (Grundfigur) und drei Flächenstücken mit dem Inhalt A* zusammen. Der Flächeninhalt der Grundfigur beträgt (nach UA 3.2) 9A, die Gesamtfläche also 9A + $3 \cdot \dfrac{9A}{5} = \dfrac{72A}{5}$.

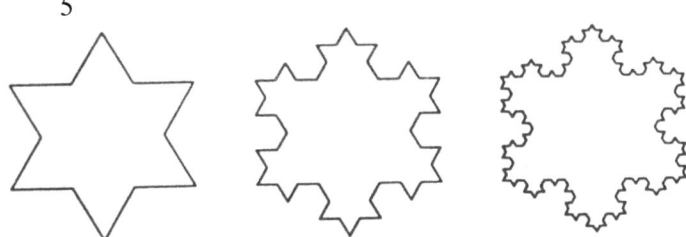

Die ersten drei Näherungen der Schneeflocke

Das Verhältnis, in dem die Fläche der Grundfigur zur Gesamtfigur steht, beträgt 5 : 8. Man erhält also den Flächeninhalt der Schneeflocke, wenn die Maßzahl der Grundfigur mit 1,6 multipliziert wird.

7.2 Das räumliche Analogon

Nicht weniger interessant als die KOCH-Kurve und die Schneeflocke ist das räumliche Analogon, das in der Literatur aber vergleichsweise stiefmütterlich behandelt wird und – soviel ich weiß – auch keinen Namen bekommen hat. Zufolge der Analogie dürfen wir annehmen, dass dieser (von mir so genannte) *Kristall* eine unendlich große Oberfläche, aber ein endliches Volumen besitzt.

Ein gleichseitiges Dreieck PQR mit der Seitenlänge a wird (wie das SIERPINSKI-Dreieck in UA 7.5) in vier gleich große gleichseitige Dreiecke mit halber Seitenlänge $\dfrac{a}{2}$ geteilt und über dem mittleren Dreieck ein regelm. Tetraeder ABCD errichtet. In der 2. Näherung wird jedes der nunmehr sechs gleichseitigen Dreiecke wieder in vier gleichseitige Dreiecke (Seitenlänge $\dfrac{a}{4}$) geteilt und über jedem der sechs mittleren Dreiecke wiederum ein regelm. Tetraeder errichtet.

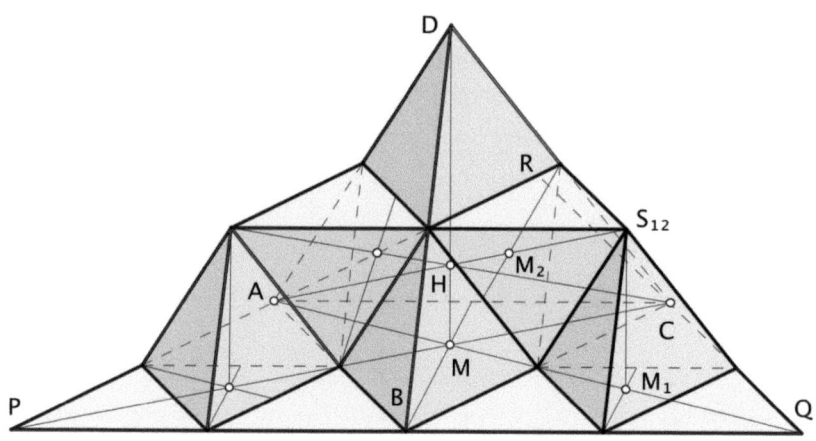

In obiger Zeichnung sind die beiden vom Tetraeder ABCD verdeckten Tetraeder unberücksichtigt geblieben. Die (zunächst überraschende) Tatsache, dass je zwei der sechs Tetraeder die „Spitze" gemeinsam haben, folgt im Wesentlichen aus den Teilungsverhältnissen 2 : 1 und 3 : 1, in denen die Höhenstrecken eines gleichseitigen Dreiecks bzw. eines regelm. Tetraeders vom Schwerpunkt (M, M_1, M_2 bzw. H) geteilt werden. (Die Begründung dafür findet sich z. B. in IRdG II, Seite 57). Daher sind die Dreiecke AMH und AM_1S_{12} zentrisch ähnlich mit dem Streckfaktor 2 und für $\overline{MD}$ = h ist $\overline{MH}$ = $\overline{M_2H} = \dfrac{h}{4}$ und $\overline{M_1S_{12}} = \overline{M_2S_{12}} = \dfrac{h}{2}$.

Fahren wir in der Viertelung aller gleichseitigen Dreiecke und im Aufsetzen immer kleiner werdender Tetraeder fort, so entsteht über dem Ausgangsdreieck PQR eine immer stärker gegliederte Fläche. Überspannen wir schließlich jede der vier Begrenzungsflächen eines regelm. Tetraeders (als Grundkörper) mit so einer Fläche, so erhalten wir eine Kristallform, die ein Fraktal bildet, wenn wir das beschriebene Verfahren ad infinitum fortsetzen.

Die Oberfläche: A = $\dfrac{a^2}{16} \cdot \sqrt{3}$ beträgt der Flächeninhalt von jedem der sechs gleichseitigen Dreiecke, die bei der 1. Näherung aus dem Dreieck ABC hervorgehen. In der 2. Näherung sind es bereits 6.6 =

36 Dreiecke mit dem Flächeninhalt $\frac{A}{4}$, in der 3. Näherung 36.6 Dreiecke mit dem Flächeninhalt $\frac{A}{16}$, usw. Die Maßzahlen bilden eine Zahlenfolge mit $a_1 = 6A$, $a_2 = 36.\frac{A}{4} = 6A.\frac{3}{2}$, $a_3 = 36.6.\frac{A}{16} = 6A.\left(\frac{3}{2}\right)^2$, usw. Es handelt sich also um eine geom. Folge mit $q = \frac{3}{2} > 1$. Die Folge ist daher divergent, die Oberfläche des Fraktals geht über alle Grenzen.

Das Volumen: $V = \frac{a^3}{96}.\sqrt{2}$ beträgt das Volumen des ersten über dem Dreieck PQR errichteten regelm. Tetraeders. (Zum Volumen des Tetraeders siehe z. B. IRdG II, Seite 76.) Bei der 2. Näherung kommen sechs Tetraeder dazu, jedes von ihnen hat (nach der Bemerkung in UA 3.2) das Volumen $\frac{V}{8}$, der Zuwachs beträgt also $V.\frac{6}{8}$, bei der 3. Näherung 36 Tetraeder mit einem Volumen von je $\frac{V}{64}$, usw. Es entsteht eine geom. Reihe mit $s_1 = V$, $q = \frac{3}{4}$ und der Summe

$$V^* = V.(1 + \frac{3}{4} + \left(\frac{3}{4}\right)^2 + ...) = V. \sum_{n=1}^{\infty} \left(\frac{3}{4}\right)^{n-1} = 4V$$

Das ganze Fraktal setzt sich aus dem Grundkörper, der das achtfache Volumen des ersten aufgesetzten Tetraeders hat, und vier kongruenten Teilkörpern zusammen, deren Volumen 4V beträgt, hat also ein Volumen von 8V + 4.4V = 24V. Das Volumen des Grundkörpers verhält sich zum Volumen des Kristalls wie 1 : 3.

7.3 Der SIERPINSKI-Teppich

Der *SIERPINSKI-Teppich* ist ein ebenes Fraktal in der Form eines Quadrats (Seitenlänge a), in welches quadratische Löcher geschnitten werden. Die folgende Figur veranschaulicht die 2. Stufe des Teppichs auf dem Weg zur Unendlichkeit.

Die Berandung: Bei der 1. Näherung kommt zum Umfang u = 4a des äußeren Quadrats der Umfang des herausgeschnittenen Quadrats mit der Seitenlänge $\frac{a}{3}$ dazu, das macht $s_1 = 4a + 4.\frac{a}{3} = \frac{16a}{3}$. In der 2. Stufe kommen acht quadratische Löcher dazu.

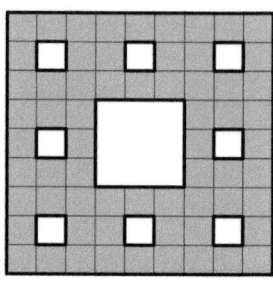

Deren Seitenlänge beträgt $\frac{a}{9}$, in Summe daher $8.\frac{4a}{9} = \frac{32a}{9} = \frac{16a}{3}.\frac{2}{3}$. Bei der 3. Näherung kommen 8.8 Löcher mit der Seitenlänge $\frac{a}{27}$ dazu, was zusammen einen Berandungszuwachs von $64.\frac{4a}{27} = \frac{16a}{3}.\left(\frac{4}{3}\right)^2$ ausmacht. Eine konvergente geom. Reihe kommt also nicht zustande und auch die weiteren Zuwächse weisen auf Divergenz hin. Die Berandung des SIERPINSKI-Teppichs geht daher über alle Grenzen.

Der Flächeninhalt: In diesem Fall empfiehlt es sich, die Inhalte der herausgenommenen Quadrate zu summieren und diese Summe von der Quadratfläche $A = a^2$ abzuziehen. Da die entfernten Quadratflächen bei jedem Schritt auf ein Neuntel schrumpfen, während sich ihre Zahl verachtfacht, entsteht eine geom. Reihe mit $s_1 = \frac{a^2}{9}$, $q = \frac{8}{9}$ und der Summe

$$s = \frac{a^2}{9}\left(1 + \frac{8}{9} + \left(\frac{8}{9}\right)^2 + ...\right) = \frac{a^2}{9}.\sum_{n=1}^{\infty}\left(\frac{8}{9}\right)^{n-1} = \frac{a^2}{9}.9 = a^2$$

Die Summe der Ausnehmungen deckt sich also mit dem Flächeninhalt der Grundfigur, sodass der Flächeninhalt des Fraktals auf 0 schrumpft, ein Ergebnis, das (im Vergleich zu anderen Ergebnissen in diesem Abschnitt) nicht wirklich überrascht. In UA 7.5 sind Aufgabenstellungen enthalten, die eng mit dem SIERPINSKI-Teppich zusammenhängen und wo daher auch analoge Phänomene auftreten.

7.4 Der MENGER-Schwamm

Der *MENGER-Schwamm* kommt zustande, wenn in einen Würfel (Kantenlänge a) Löcher mit quadratischem Querschnitt gestanzt werden, sodass in jeder der sechs Seitenflächen ein SIERPINSKI-Teppich entsteht. Als räumliches Analogon zu diesem Teppich sind gleichartige Eigenschaften zu erwarten.

MENGER war Österreicher, daher ist dieses Fraktal hierzulande besonders populär und ein Bild davon ziert(e) auch den Umschlag eines österr. Mathematik-Lehrbuches.

Reichel — Müller — Hanisch
LEHRBUCH DER
MATHEMATIK
hpt

Das Volumen: Beginnen wir mit dem Leichteren zuerst. Es empfiehlt sich, wie beim Teppich vorzugehen, also die Volumina der Hohlräume zu summieren und ihre Summe s vom Volumen $V = a^3$ des Würfels abzuziehen. Bei der 1. Näherung fallen sieben Würfel mit je $\left(\dfrac{a}{3}\right)^3 = \dfrac{a^3}{27}$ Rauminhalt weg, bei der 2. Näherung fallen von jedem der 20 verbliebenen Teilwürfel sieben Würfel mit je $\left(\dfrac{a}{9}\right)^3 = \dfrac{a^3}{9^3} = \dfrac{a^3}{27.27}$ Rauminhalt weg und bei der 3. Näherung von 400 Würfeln je sieben Würfel zu $\left(\dfrac{a}{27}\right)^3$ Rauminhalt, usw. Die geom. Reihe mit $s_1 = \dfrac{7a^3}{27}$ und $q = \dfrac{20}{27}$ hat die Summe

$$s = \frac{7a^3}{27}.\left(1 + \frac{20}{27} + \left(\frac{20}{27}\right)^2 ...\right) = \frac{7a^3}{27} . \sum_{n=1}^{\infty}\left(\frac{20}{27}\right)^{n-1} = a^2$$

79

Die Summe der Ausnehmungen deckt sich also mit dem Volumen der Grundfigur; der MENGER-Schwamm ist daher ein Körper ohne Rauminhalt.

Die Oberfläche: Da zur Oberfläche auch alle Begrenzungsflächen der Hohlräume gehören ist deren Berechnung wesentlich aufwändiger als die des Volumens. Bei der 1. Näherung fallen in den sechs Seitenflächen zwar je $\frac{a^2}{9}$ weg, dafür kommen die Begrenzungsflächen der sechs Ausnehmungen zu je $4.\frac{a^2}{9}$ hinzu, macht zusammen a_1 $= 6a^2 - 6.\frac{a^2}{9} + 6.4.\frac{a^2}{9} = 8a^2$. Die weitere Vorgehensweise hält sich an die Tatsache, dass bei jedem Schritt 20 Teilwürfel mit der Seitenlänge $\frac{a}{3}$ jeweils ein Neuntel der vorherigen Gesamtfläche enthalten, wovon allerdings noch 48 „Stoßflächen", das sind jene Flächen der 20 Teilwürfel, welche direkt aneinanderstoßen, abzuziehen sind. Davon gibt es je 3 bei den 8 Eckwürfeln und je 2 bei den 12 dazwischen liegenden Würfeln. Daher:

$$a_2 = 20.\frac{1}{9}.8a^2 - 48.\frac{1}{9}.\frac{8a^2}{9} = 8a^2.\frac{44}{27}$$

$$a_3 = \frac{20}{9}.\frac{44}{27}.8a^2 - \frac{48}{9}.(\frac{8a^2}{9} - \frac{8a^2}{81}) = 8a^2.\frac{752}{243}$$

Die Folge $\langle a_1, a_2, a_3, ... \rangle$ ist offenbar divergent, was sich daraus erklärt, dass die Oberfläche bei jeder Näherung auf $\frac{20}{9}$ der vorherigen abzüglich der 48 „Stoßflächen" anwächst und dass der Abzug immer geringer ausfällt. Die Oberfläche des MENGER-Schwammes geht also über alle Grenzen.

7.5 Vorschläge zum Selbermachen:

A) Nebenstehende Figur stellt die 2. Stufe auf dem Weg zur Unendlichkeit dar, das Fraktal wird *SIERPINSKI-Dreieck* genannt. Alle Dreiecke sind gleichseitig.

Auf die gleiche Art und Weise wie beim Teppich können die Länge der Berandung und der Flächeninhalt berechnet werden.

B) Was ändert sich an den Ergebnissen gegenüber **A)**, wenn als Grundfigur anstelle eines gleichseitigen Dreiecks ein gleichschenklig-rechtwinkliges Dreieck verwendet wird?

C) Was ändert sich an den Ergebnissen gegenüber dem quadratischen SIERPINSKI-Teppich, wenn dieser mit dem Faktor k an einer Quadratseite achsial gestreckt wird? (Zur achsialen Streckung siehe z. B. IRdG I, Seite 113 und 155.)

D) Die in UA 7.2 dargestellte 2. Näherung des Kristalls enthält sechs Ausnehmungen in Form von halben regelm. Oktaedern, zwei davon (links und rechts vorne) sind in der Figur zu erkennen. Es wäre zu verifizieren: **a)** In der 3. Näherung liegen in jeder dieser Ausnehmungen vier Tetraeder, welche die „Spitze" gemeinsam haben und welche Hohlräume in Form von regelm. Oktaedern erzeugen. **b)** In der 4. Näherung enthält jeder dieser Hohlräume acht regelm. Tetraeder, welche die „Spitze" gemeinsam haben.

Bemerkung: Die Anführungszeichen bei „Spitze" sollen andeuten, dass bei Tetraedern zwar alle vier Ecken gleichberechtigt sind, dass aufgrund der hier gebotenen Konstruktion der Tetraeder als Pyramiden über vorgegebenen „Grundflächen" die jeweils vierte Ecke als Pyramidenspitze aufgefasst werden kann.

8. Integrationen

Nach Meyers Lexikon steht *Integration* ganz allgemein für die Herstellung eines Ganzen, abgeleitet von lat. integrare „wiederherstellen" oder „in ein größeres Ganzes einbeziehen". In der Mathematik ist damit die Berechnung von Längen, Flächen- und Rauminhalten durch das Summieren von Teillängen, Teilflächen und Teilvolumina gemeint.

Bei den Flächenberechnungen wird der Inhalt von n rechteckigen und gleich breiten Streifen, welche die Fläche annähern, summiert, bei Rotationskörpern die Summe der Volumina von n drehzylinderförmigen Scheiben mit gleicher Achse und gleicher Höhe, welche eine gestufte Annäherung an den Drehkörper bilden. Das Verfahren kann auch auf andere Körper angewendet werden, sofern sich diese durch gleich hohe prismatische, insbesondere quaderförmige Platten annähern lassen (UA 8.4).

Diese Vorgehensweise wurde bereits lange vor NEWTON und LEIBNIZ gepflogen, welchen allerdings das Verdienst zukommt, mit der *Integralrechnung* ein einheitliches Kalkül für solche Berechnungen entwickelt zu haben.

Gedanklich fußt diese Entwicklung aber auf dem (daher im wörtlichen Sinn) ursprünglichen Verfahren, worauf in der Praxis aber nur mehr die Symbole, vor allem das Integralzeichen $\int$ – als langgezogenes S für „Summe" – hinweisen. Umso mehr lohnt es sich, die originäre Methode anhand von ein paar Beispielen vorzustellen. Wer die Integralrechnung beherrscht, der kann die gefundenen Lösungen mit Hilfe von Stammfunktionen leicht überprüfen.

8.1 Untersummen und Obersummen

Sind ein von den Zahlen a und b auf der x-Achse begrenztes Intervall und darüber eine Funktionskurve mit der Gleichung $y = f(x)$ gegeben, dann kann die dazwischen liegende Fläche durch die Summe von n rechteckigen Streifen gleicher Breite Δx angenähert werden.

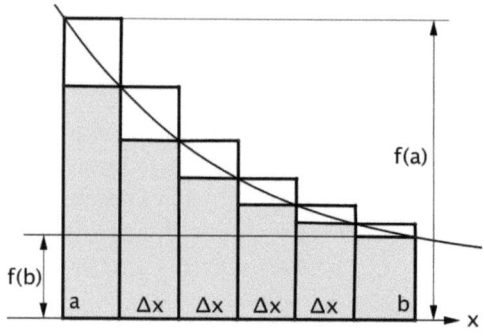

Diese Annäherung kann von unten, aber auch von oben erfolgen. Demzufolge sprechen wir von einer *Untersumme* U_n oder von einer *Obersumme* O_n. Die Formel $\Delta x = \dfrac{b-a}{n}$ ist (unter der Voraussetzung $b > 0$) leicht zu verifizieren.

In der obigen Figur hat das kleinste Rechteck der Untersumme den Flächeninhalt $f(b).\Delta x$ und das größte Rechteck der Obersumme hat den Flächeninhalt $f(a).\Delta x$. Lassen wir die Kurve um die x-Achse rotieren, dann entsteht ein trichterförmiger Drehkörper, der von Drehzylindern angenähert wird. Nach deren Volumsformel $V = r^2\pi h$ hat der kleinste Drehzylinder der Untersumme das Volumen $f^2(b).\pi.\Delta x$ und der größte Drehzylinder der Obersumme hat das Volumen $f^2(a).\pi.\Delta x$.

In beiden Fällen entsteht für eine zunehmende Verfeinerung der Einteilung, also für wachsendes n, eine Zahlenfolge $\langle U_n \rangle$ bzw. $\langle O_n \rangle$, deren Elemente sich der zu berechnenden Fläche bzw. dem gefragten Volumen annähern. Die Folge der Untersummen wächst mit zunehmendem n monoton und die Folge der Obersummen fällt mit zunehmendem n monoton demselben Grenzwert entgegen.

In UA 8.2 bis 8.4 werden Beispiele behandelt, bei denen sich Untersummen und Obersummen durch einen rational gebrochenen Term T(n) beschreiben lassen und der Grenzübergang $n \to \infty$ durchgeführt werden kann. Wo das nicht möglich ist, können auf dem direkten Weg, also ohne Verwendung der zu f(x) gehörigen Stammfunktion F(x), nur Näherungswerte berechnet werden, die umso genauer ausfallen, je größer das n gewählt wird. Eine weitere Verbesserung ist dadurch zu erreichen, dass für ein bestimmtes n sowohl die Untersumme U_n als auch die Obersumme O_n berechnet und daraus das arithm. Mittel $\dfrac{U_n + O_n}{2}$ gebildet wird.

Beispiel: Es ist für a = 0 und b = 1,5 der Flächeninhalt zwischen der x-Achse und der zu $y = \dfrac{1}{2-x}$ gehörigen Funktionskurve als arithmetisches Mittel von U_6 und O_6 näherungsweise zu berechnen.

Die Länge Δx eines jeden Teilintervalls beträgt ein Sechstel von b – a = 1,5, also 0,25 $= \dfrac{1}{4}$, die sechs Teilintervalle werden demnach von den x-Werten 0, $\dfrac{1}{4}, \dfrac{1}{2}, \dfrac{3}{4}, 1, \dfrac{5}{4}$ und $\dfrac{3}{2}$ begrenzt. Die zugehörigen y-Werte sind $\dfrac{1}{2}, \dfrac{4}{7}, \dfrac{2}{3}, \dfrac{4}{5}, 1, \dfrac{4}{3}$ und 2. Daraus ergeben sich für U_6 und O_6 folgende Werte:

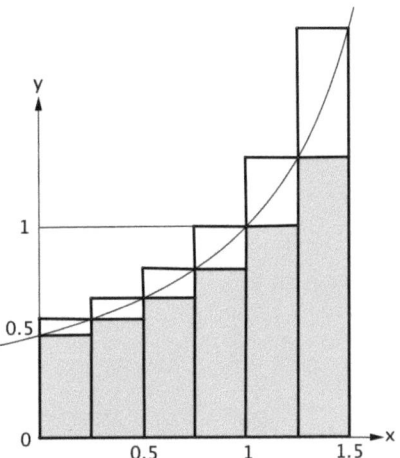

$$U_6 = \frac{1}{4} \cdot \left(\frac{1}{2} + \frac{4}{7} + \frac{2}{3} + \frac{4}{5} + 1 + \frac{4}{3} \right) = \frac{341}{280} \approx 1{,}218$$

$$O_6 = \frac{1}{4} \cdot \left(\frac{4}{7} + \frac{2}{3} + \frac{4}{5} + 1 + \frac{4}{3} + 2 \right) = \frac{223}{140} \approx 1{,}599$$

Das arithm. Mittel beträgt ungefähr 1,405, der mit Hilfe der Stammfunktion von f(x) berechnete Wert etwa 1,386; der Fehler beträgt also weniger als 2 Hundertstel, und das bei einer relativ „groben" Einteilung in nur sechs Teilrechtecke.

8.2 Flächeninhalte als Grenzwerte

Den beiden in UA 8.1 enthaltenen Figuren ist unmittelbar folgender Sachverhalt zu entnehmen, sofern wir a = 0 annehmen, was bei den weiteren Beispielen der Fall sein wird:

Verläuft die Funktionskurve von links oben nach rechts unten, so sind an der Untersumme U_n der Reihe nach die Funktionswerte an den Stellen $\frac{b}{n}$, $\frac{2b}{n}$, $\frac{3b}{n}$ usw. bis $\frac{n.b}{n}$ = b beteiligt, an der Obersumme O_n hingegen die Funktionswerte an den Stellen 0, $\frac{b}{n}$, $\frac{2b}{n}$ usw. bis $\frac{(n-1).b}{n}$. Verläuft die Funktionskurve von links unten nach rechts oben, dann ist es umgekehrt. Bei allen weiteren Beispielen wird die erstgenannte Reihung bevorzugt, sodass der zu bildende Term T(n) eine Untersumme oder eine Obersumme beschreiben kann. Für das Ergebnis ist das insofern bedeutungslos, als der Grenzübergang n → ∞ in beiden Fällen zu demselben Ergebnis führt.

Damit sich der Term T(n) bilden lässt ist ausschlaggebend, dass eine Summenformel angewendet werden kann, wie solche z. B. in Abschn. 5 hergeleitet worden sind:

$$\sum_{i=1}^{n} i = \frac{1}{2}.\left(n^2 + n\right) \quad \text{und} \quad \sum_{i=1}^{n} i^2 = \frac{1}{6}.\left(2n^3 + 3n^2 + n\right)$$

Alles Weitere wird am besten anhand von Beispielen abgehandelt.

Beispiel 1: Es ist der Inhalt A der zwischen der x-Achse und der Geraden mit der Gleichung y = x liegenden Fläche für a = 0 und variables b als Grenzwert einer Summenfolge zu berechnen.

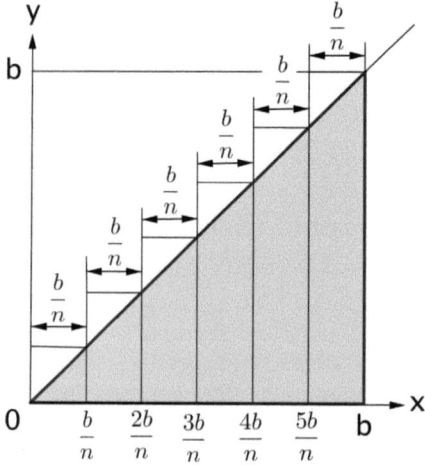

$$T(n) = \sum_{i=1}^{n} \frac{b}{n}.\frac{i.b}{n} = \frac{b^2}{n^2}.\sum_{i=1}^{n} i =$$

$$\frac{b^2}{n^2}.\frac{1}{2}.(n^2 + n) = \frac{1}{2}.(b^2 + \frac{b^2}{n}).$$

Für n → ∞ verschwindet der 2. Summand in der Klammer, das Ergebnis lautet also A = $\frac{b^2}{2}$. Das ist die Hälfte des Flächeninhalts eines Quadrats mit der Seitenlänge b, wie es zu erwarten war.

Dieses triviale Beispiel bestätigt für b = x auch die beim Bilden von Stammfunktionen anzuwendende Potenzregel: $f(x) = x \Rightarrow F(x) = \dfrac{x^2}{2}$.

Beispiel 2: Es ist der Inhalt A der zwischen der x-Achse und der Parabel mit der Gleichung $y = x^2$ liegenden Fläche für a = 0 und variables b als Grenzwert einer Summenfolge zu berechnen.

$$T(n) = \sum_{i=1}^{n} \frac{b}{n}\cdot\left(\frac{i.b}{n}\right)^2 = \frac{b^3}{n^3}\cdot\sum_{i=1}^{n} i^2$$

$$= \frac{b^3}{n^3}\cdot\frac{1}{6}\cdot(2n^3 + 3n^2 + n) =$$

$$= \frac{1}{6}\cdot\left(2b^3 + \frac{3b^3}{n} + \frac{b^3}{n^2}\right).$$

Für n → ∞ verschwindet der 2. und 3. Summand in der Klammer, das Ergebnis lautet A = $\dfrac{b^3}{3}$. Auch dieses Beispiel bestätigt für b = x die beim Bilden von Stammfunktionen anzuwendende Potenzregel:

$$f(x) = x^2 \Rightarrow F(x) = \frac{x^3}{3}.$$

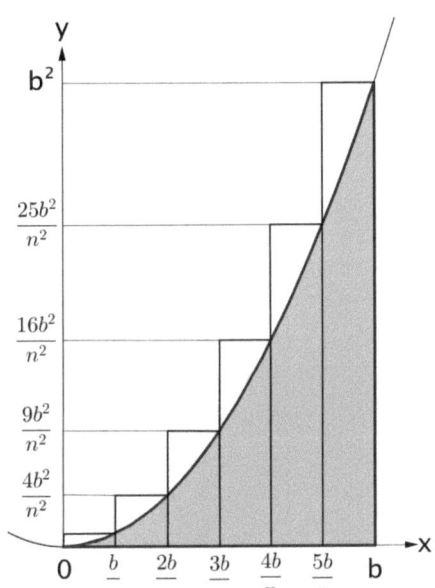

8.3 Volumina von Drehkörpern

Die Vorgehensweise für die Berechnung solcher Volumina ist bereits in UA 8.1 genannt worden, sodass hier nur mehr entsprechende Beispiele vorzustellen sind. Dabei werden aus der Summe der Drehzylindervolumina $V_i = y_i^2 \cdot \pi \cdot \dfrac{b}{n}$ laufend die gemeinsamen Faktoren herausgehoben, bis nur mehr die Summe zu bilden ist, für welche es eine Formel gibt; dann wird der Grenzübergang n → ∞ durchgeführt.

Vorab verdient Erwähnung, dass auf diesem Weg – abgesehen vom Drehzylinder – für alle Drehquadriken (Drehkegel, Kugel, eiförmiges und linsenförmiges Drehellipsoid, Drehparaboloid, einschaliges und zweischaliges Drehhyperboloid) Volumsformeln erstellt werden können. Für das Drehkegel- und das Kugelvolumen sind diese Herleitungen von den z. B. in IRdG II, Seite 74 bzw. 77 erläuterten völlig unabhängig.

Beispiel 1: Ein Drehparaboloid mit dem Randkreisradius r und dem Abstand b, in dem der Scheitel A von der Randkreisebene entfernt ist, entsteht durch Drehung einer Parabel mit der Gleichung $y^2 = \dfrac{r^2}{b} \cdot x$ um ihre Achse (= x-Achse). Seine Volumsformel soll durch Summen- und Grenzwertbildung hergeleitet werden.

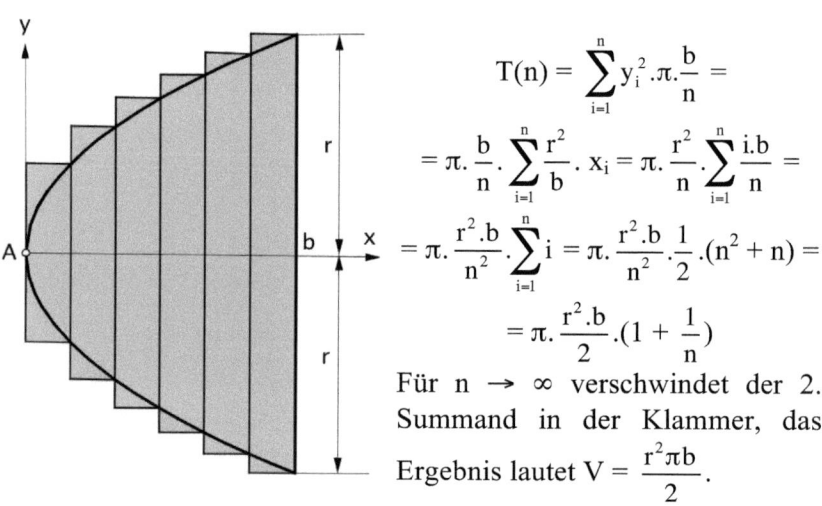

$$T(n) = \sum_{i=1}^{n} y_i^2 \cdot \pi \cdot \frac{b}{n} =$$

$$= \pi \cdot \frac{b}{n} \cdot \sum_{i=1}^{n} \frac{r^2}{b} \cdot x_i = \pi \cdot \frac{r^2}{n} \cdot \sum_{i=1}^{n} \frac{i.b}{n} =$$

$$= \pi \cdot \frac{r^2.b}{n^2} \cdot \sum_{i=1}^{n} i = \pi \cdot \frac{r^2.b}{n^2} \cdot \frac{1}{2} \cdot (n^2 + n) =$$

$$= \pi \cdot \frac{r^2.b}{2} \cdot (1 + \frac{1}{n})$$

Für $n \to \infty$ verschwindet der 2. Summand in der Klammer, das Ergebnis lautet $V = \dfrac{r^2 \pi b}{2}$.

Dieses Ergebnis ist insofern bemerkenswert als es sich um die Hälfte des Volumens eines Drehzylinders mit dem Radius r und der Höhe b sowie um das Eineinhalbfache des Volumens eines Drehkegels mit dem Basiskreisradius r und der Höhe b handelt, sodass also die Proportion $V_Z : V_P : V_K = 6 : 3 : 2$ gilt.

Beispiel 2: Der Kreis mit der Gleichung $x^2 + y^2 = r^2$ wird um die x-Achse gedreht. Es ist das Volumen des Kugelsegments zu berechnen, das zwischen der zur Drehachse normalen Ebene durch den Mittelpunkt und der dazu im Abstand b < r parallelen Ebene liegt.

$$T(n) = \sum_{i=1}^{n} y_i^2 . \pi . \frac{b}{n} = \pi . \frac{b}{n} . \sum_{i=1}^{n} \left(r^2 - x_i^2\right) =$$

$$\pi . \frac{b}{n} . \left(\sum_{i=1}^{n} r^2 - \sum_{i=1}^{n} x_i^2\right) = \pi . \frac{b}{n} . \left(n.r^2 - \sum_{i=1}^{n} \frac{i^2.b^2}{n^2}\right)$$

$$= \pi.b.r^2 - \pi . \frac{b}{n} . \frac{b^2}{n^2} . \sum_{i=1}^{n} i^2 =$$

$$= \pi.b.r^2 - \pi . \frac{b^3}{n^3} . \frac{1}{6} . (2n^3 + 3n^2 + n) =$$

$$= \pi.b.r^2 - \pi . \frac{b^3}{6} . (2 + \frac{3}{n} + \frac{1}{n^2})$$

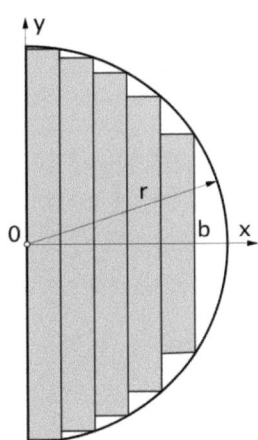

Für $n \to \infty$ verschwindet der 2. und 3. Summand in der Klammer, das Ergebnis lautet $V_S = \pi.b.r^2 - \pi . \frac{b^3}{3} = \pi . \frac{b}{3} . (3r^2 - b^2)$. Aus dem Ergebnis ergibt sich die Formel für das Kugelvolumen, wenn $b = r$ gesetzt und verdoppelt wird: $V_K = 2.\pi . \frac{r}{3} . (3r^2 - r^2) = \frac{4r^3\pi}{3}$.

8.4 Summierung prismatischer Platten

Die anschaulichsten Beispiele für Integrationen nach der hier gepflogenen Methode sind wohl jene, wo nicht eine Funktionskurve vorgegeben ist, sondern ein konkretes Objekt. Gehen wir, wie es bei den folgenden Beispielen der Fall ist, von einem räumlichen Objekt von bestimmter Höhe h aus, so besteht der entscheidende Schritt darin, die (waagrechten) Querschnitte durch dieses Objekt bzw. deren Flächeninhalte und die zugehörigen Höhen h_i über der Grundfläche in einen Funktionszusammenhang zu bringen. Ist dieser bekannt, so können die Volumina von n prismatischen Platten gleicher Höhe Δh, welche das Objekt annähern, summiert und bei dem so ermittelten Term T(n) der Grenzübergang $n \to \infty$ durchgeführt werden. (Die Analogie zur Volumsberechnung bei Drehkörpern ist evident.)

Beispiel 1: Das in Grund- und Aufriss dargestellte Kuppelzelt wird von zwei (annähernd) parabelförmig gebogenen Stangen getragen. **a)**

Es ist eine Volumsformel für allgemeines r (= Umkreisradius des Basisquadrats) und h (= Höhe des Zeltes) zu erstellen. **b)** Wie groß ist der Rauminhalt des Zeltes für h = r = 1,2 m?

Alle Querschnitte sind quadratisch mit dem Flächeninhalt $A_i = 2y_i^2$, worin y_i der Umkreisradius ist, z. B. ist $A_0 = 2r^2$ der Flächeninhalt des Basisquadrats. Für die in der yz-Ebene liegende Parabel gilt $z = ay^2 + b$ ($\Rightarrow y^2 = \dfrac{z-b}{a}$) als allgemeine Gleichung.

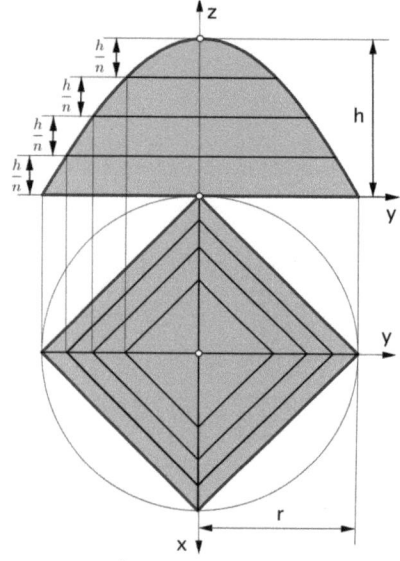

Durch Einsetzen der Koordinaten (0/h) und (r/0) des Scheitelpunkts bzw. des rechten Randpunkts ergibt sich $b = h$ und $a = -\dfrac{h}{r^2}$, daraus $y^2 = \dfrac{r^2 \cdot (h-z)}{h}$ und weiter $y_i^2 = \dfrac{r^2}{h} \cdot (h - \dfrac{i.h}{n})$. Jede der den Körper annähernden prismatischen Platten hat daher das Volumen

$$V_i = A_i \cdot \frac{h}{n} = 2y_i^2 \cdot \frac{h}{n} = \frac{2r^2}{n} \cdot (h - \frac{i.h}{n})$$

$$T(n) = \sum_{i=1}^{n} V_i = \frac{2r^2}{n} \cdot \sum_{i=1}^{n} (h - \frac{i.h}{n}) = \frac{2r^2}{n} \cdot (\sum_{i=1}^{n} h - \frac{h}{n} \sum_{i=1}^{n} i) = \frac{2r^2}{n} \cdot [n.h - \frac{h}{n} \cdot \frac{1}{2} \cdot (n^2 + n)] = 2r^2 h - \frac{r^2 h}{n^2} \cdot (n^2 + n) = 2r^2 h - r^2 h \cdot (1 + \frac{1}{n}).$$ Für $n \to \infty$ verschwindet der 2. Summand, das Ergebnis lautet $V_Z = r^2 h$ bzw. $V_Z = r^3$ für h = r und $V_Z = 1{,}728$ m^3 für h = r = 1,2 m.

Da dem Zelt für h = r sowohl eine Halbkugel als auch ein Drehparaboloid (mit r = b, siehe Beisp. 1 aus UA 8.3) „übergestülpt" werden kann ist ein Vergleich der Rauminhalte angebracht:

$$V_K : V_P : V_Z = \frac{2r^3\pi}{3} : \frac{r^3\pi}{2} : r^3 = 4\pi : 3\pi : 6 \approx 4 : 3 : 2.$$

Beispiel 2: Eine 20 m hohe Staumauer hat in jeder Höhe einen (annähernd) rechteckigen Querschnitt. Die Weite w der Mauer nimmt von 10 unten auf 20 m oben linear zu, die Stärke s von 6 m unten auf 3 m oben linear ab. Wieviel m^3 Beton waren zur Errichtung der Mauer erforderlich?

Für lineare Zusammenhänge gilt $y = ax + b$, also $w = ah + b$ und $s = ch + d$. Für $w = 10$ bei $h = 0$ kommt $b = 10$ und für $w = 20$ bei $h = 20$ kommt $a = \dfrac{1}{2}$, somit $w = \dfrac{h}{2} + 10$. Für $s = 6$ bei $h = 0$ kommt $d = 6$ und für $s = 3$ bei $h = 20$ kommt $c = -\dfrac{3}{20}$, somit $s = -\dfrac{3h}{20} + 6$.

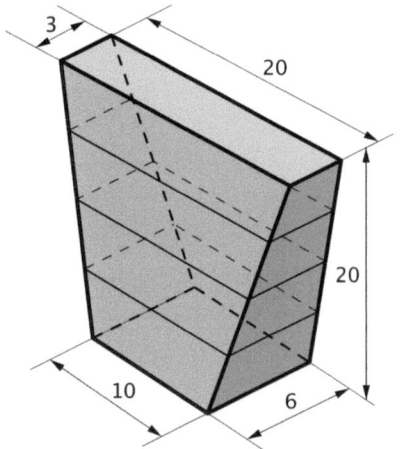

Daraus folgt für $h_i = \dfrac{i.20}{n}$:

$$w_i = \dfrac{i.20}{2n} + 10 = \dfrac{10i}{n} + 10 \text{ und}$$

$$s_i = -\dfrac{3.i.20}{20n} + 6 = -\dfrac{3i}{n} + 6.$$

$$\Rightarrow A_i = w_i.s_i = (\dfrac{10i}{n} + 10) \cdot (-\dfrac{3i}{n} + 6) = -\dfrac{30i^2}{n^2} - \dfrac{30i}{n} + \dfrac{60i}{n} + 60.$$

$$\Rightarrow V_i = \dfrac{20}{n} \cdot (-\dfrac{30i^2}{n^2} + \dfrac{30i}{n} + 60).$$

$$T(n) = \sum_{i=1}^{n} V_i = \dfrac{20}{n} \cdot (-\dfrac{30}{n^2} \cdot \sum_{i=1}^{n} i^2 + \dfrac{30}{n} \cdot \sum_{i=1}^{n} i + \sum_{i=1}^{n} 60) = -\dfrac{600}{n^3} \cdot \dfrac{1}{6} \cdot (2n^3 +$$

$3n^2 + n) + \dfrac{600}{n^2} \cdot \dfrac{1}{2} \cdot (n^2 + n) + 1200 = -100 \cdot (2 + \dfrac{3}{n} + \dfrac{1}{n^2}) + 300 \cdot (1 + \dfrac{1}{n})$
$+ 1200$. Für $n \to \infty$ verschwinden alle Brüche, das Volumen beträgt also $-200 + 300 + 1200 = 1300$ m^3 (= Betonbedarf).

8.5 Vorschläge zum Selbermachen

A) Für $a = 0$ und $b = 4$ den Flächeninhalt zwischen der x-Achse und der zu $y = \dfrac{3}{x+1}$ gehörigen Funktionskurve als arithmetisches Mittel von U_4 und O_4 näherungsweise berechnen.

B) Durch vollst. Induktion die Formel $\sum\limits_{i=1}^{n} i^3 = \dfrac{n^2}{4} \cdot (n + 1)^2$ beweisen und mit deren Hilfe den Inhalt A der zwischen der x-Achse und der Funktionskurve mit der Gleichung $y = x^3$ liegenden Fläche für a = 0 und variables b als Grenzwert einer Summenfolge berechnen.

C) Die Volumsformel für den Drehkegel mit dem Basiskreisradius r und der Höhe h durch Summen- und Grenzwertbildung herleiten.

D) Ein eiförmiges Drehellipsoid entsteht durch Drehung einer Ellipse mit der Gleichung $r^2x^2 + b^2y^2 = r^2b^2$ mit r < b um die Hauptachse (= x-Achse). Seine Volumsformel durch Summen- und Grenzwertbildung herleiten.

E) Ein einschaliges Drehhyperboloid entsteht durch Drehung einer Hyperbel mit der Gleichung $b^2y^2 - r^2x^2 = r^2b^2$ um die Nebenachse (= x-Achse). Die Volumsformel für den Körper, der durch die beiden im Abstand b zur Kehlkreisebene parallelen Ebenen begrenzt wird, durch Summen- und Grenzwertbildung herleiten.

F) Ein (geschlossenes) Klostergewölbe – wie z. B. in IRdG II auf Seite 191 vorgestellt – entsteht durch Verschneidung zweier Tonnengewölbe (Halbzylinder). Sind das Drehzylinder mit dem Radius r, so sind alle waagrechten Schnitte durch das Gewölbe Quadrate. **a)** Die Volumsformel für ein solches Gewölbe durch Summen- und Grenzwertbildung herleiten. **b)** Welche Kubatur hat ein Raum mit quadr. Grundfläche von 4,8 m Seitenlänge, der ab einer Höhe von 2 m mit einem Klostergewölbe überwölbt ist?

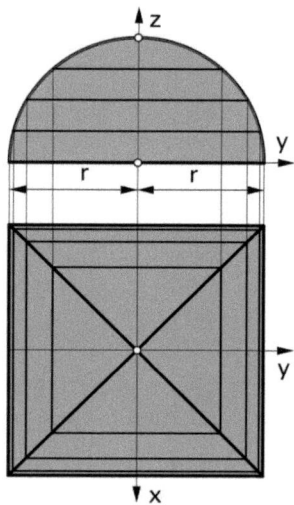

G) Das Volumen eines Kuppelzeltes (Höhe h) über einem regelm. Sechseck (Umkreisradius r) als Grundfläche berechnen, wenn jeder zur Grundfläche normale Schnitt durch eine Hauptdiagonale (annähernd) parabelförmig ist.

Lösungen

1Aa) Folge der Kehrwerte der natürl. Zahlen, **1Ab)** Folge der ungeraden natürl. Zahlen, **1Ac)** Folge der Quadratwurzeln der natürl. Zahlen, **1Ad)** Folge der geraden natürl. Zahlen

1B) $\langle 1, 2, 2, 3, 2, 4, 2, 4, 3, 4, 2, 6, 2, 4, 4, 5, 2, 6, 2, 6, 4, 4, 2, 8 \rangle$

1Ca) $a_n = (-1)^n \cdot n$, **1Cb)** $a_1 = 1$, $a_n = a_{n-1} + 3$ oder $a_n = 3n - 2$, **1Cc)** $a_n = \sqrt[n]{n}$, **1Cd)** $a_n = (n + 1)! - n! = n \cdot n!$

1D) $\langle 1, 16, 81, 256, 625, ... \rangle$ und $\langle 1, 16, 81, 256, 601, ... \rangle$. Aus einer endlichen Anzahl von Folgegliedern lässt sich das Bildungsgesetz nicht eindeutig erschließen.

1E) $a_n = n^2 - n + 2$, die Folge lautet $\langle 2, 4, 8, 14, 22, 32, ... \rangle$

1F) $a_n = \dfrac{103n^4}{8} - \dfrac{1439n^3}{12} + \dfrac{3225n^2}{8} - \dfrac{6721n}{12} + 265$

1G) $\langle -1, -1, 0, 2, 5, 9, ... \rangle$

1J) $a_n = \dbinom{n + 5}{6}$; $a_4 = 84$, $a_5 = 210$, $a_6 = 462$

1La) Nein, **1Kb)** Ja
1Ma) Nein, **1Lb)** Ja

2Aa) $\langle 4, 3, \dfrac{11}{6}, \dfrac{5}{4}, \dfrac{127}{120}, ... \rangle \to 1$

2Ab) $\langle 3, 2, \dfrac{5}{3}, \dfrac{3}{2}, \dfrac{7}{5}, ... \rangle \to 1$,

2Ac) $\langle \dfrac{5}{2}, \dfrac{19}{12}, \dfrac{49}{36}, \dfrac{101}{80}, \dfrac{181}{150}, ... \rangle \to 1$

2Ba) $n > \dfrac{20 + 3\varepsilon}{9\varepsilon}$ bzw. $n \geq 2223$,

2Bb) $n > \dfrac{19 - 12\varepsilon}{8\varepsilon}$ bzw. $n \geq 2374$

2Bc) $n > \dfrac{5 - 3\varepsilon}{9\varepsilon}$ bzw. $n \geq 556$,

2Bd) $n > \dfrac{2 + 3\varepsilon}{9\varepsilon}$ bzw. $n \geq 223$

2Ca) $n \geq 16$, **2Cb)** $n \geq 1002$

3A) $\langle 1, 7, 13, 19, 25, ... \rangle$
3B) $\langle -1{,}6; 0{,}8; 3{,}2; 5{,}6; 8; 10{,}4; 12{,}8; 15{,}2; 17{,}6; 20 \rangle$
3Da) $a_n = 2 \cdot 3^{n-1}$, **3Db)** $a_n = 3 \cdot (-2)^{n-1}$, **3Dc)** $a_n = \dfrac{2}{3} \cdot \left(-\dfrac{2}{3}\right)^{n-1}$

3E) $a_8 = 384$
3F) $a_1 = 5$, $a_2 = 15$, $a_3 = 45$ oder umgekehrt
3G) $\langle 10, 10 \cdot \sqrt{5}, 50, 50 \cdot \sqrt{5}, 250 \rangle$

4B) $\langle 2, 1, 3, 4, 7, 11, 18, 29, 47, 76, ... \rangle$; $\dfrac{76}{47} \approx 1{,}617$ lässt Φ als Grenzwert vermuten.

4C) Die dazu angestellte Rechnung fußt allein auf dem Bildungsgesetz $a_{n-1} + a_n = a_{n+1}$, wird also von den Anfangswerten a_1 und a_2 nicht berührt.

4D) Mit $a_1 = a_2 = n > 1$ ändert sich an der „Kaninchengeschichte" nur die Eingangsvoraussetzung: Anstelle von <u>einer</u> Stammmutter ist von n Stammmüttern auszugehen, was eine n-fache Nachkommenschaft zur Folge hat; daher können auch alle Quotienten durch n gekürzt werden.

5Ba) $2n.(n + 1)$, **5Bb)** $n.(3n - 2)$
5C) 1625 €
5F) MCDXLIV = 1444, MCDXLVI = 1446, MCDLXIV = 1464, MCDLXVI = 1466, MDCXLIV = 1644, MDCXLVI = 1646, MDCLXIV = 1664 und MDCLXVI = 1666
5Ga) $\dfrac{6}{11}$, **5Gb)** $\dfrac{11}{5}$, **5Gc)** $\dfrac{1049}{330}$, **5Gd)** $\dfrac{229}{111}$
5Ha) $20 = 27 + 3 - 1 - 9$, **5Hb)** $32 = 27 + 9 - 1 - 3$, **5Hc)** $38 = 27 + 9 + 3 - 1$
5Ia) 19 : 12, **5Ib)** 19 : 12
5J) $3. \sqrt{2} : \pi \approx 27 : 20$.
5K) 7 : 4
5La) 11 : 7, **5Lb)** 2 : 1. Dieses schöne Tetraeder-Beispiel entstammt der von Herrn OStR. Mag. Gerhard Schröpfer betreuten Aufgabenecke in den „Informationsblättern der Geometrie" (IBDG) Nr. 2/2014.

6A) 183,79 €
6Ca) 1.790,85 €, **6Cb)** 1.806,11 €, **6Cc)** 1.814,02 €, **6Cd)** 1.819,40 €, **6Ce)** 1.822,03 €, **6Cf)** 1.822,12 €
6Da) Ca. 5,27 Mrd. **6Db)** Ca. 6,25 Mrd. **6Dc)** Ca. 7,41 Mrd. **6Dd)** Ca. 1,47 %.
6E) Um ca. 46,4 %
6F) 212.218 €
6G) 60.674 €
6H) 89.376 €

7ABC) Der Flächeninhalt schrumpft auf 0 und die Berandung geht über alle Grenzen.

8A) $\dfrac{O_4 + U_4}{2} = 5{,}05$ FE

8B) $A = \dfrac{b^4}{4}$. Daraus folgt:

$$f(x) = x^3 \Rightarrow F(x) = \frac{x^4}{4}$$

8C) $V = \dfrac{r^2 \pi h}{3}$

8D) $V_E = \dfrac{4 r^2 \pi b}{3}$

8E) $V_H = \dfrac{8 r^2 \pi b}{3} = 2 V_E$

8F) $V = \dfrac{8 r^3}{3}$; ca. 83 m^3

8G) $V = \dfrac{3. \sqrt{3} . r^2 h}{4}$

Sachregister

Das Register enthält alle im Text durch Kursivschrift ausgezeichneten Fachausdrücke und die Seite, wo sie erklärt werden.

Personenregister

Das Register enthält alle im Text durch Großbuchstaben ausgezeichneten Namen.

ARCHIMEDES, * 287 v. Chr. (?) in Syrakus, † 212 v. Chr. in Syrakus, der produktivste Mathematiker und Naturwissenschafter des Altertums. Wichtige Leistungen: Quadratur- und Kubaturformeln mittels infinitesimaler Methoden, Approximation von π, Konstruktion regelm. Vielecke, Anwendungen der Mathematik in der Mechanik.

BACHET, Claude Gaspard Bachet de Méziriac, *1581 in Bourg-en-Bresse, † 1636, französischer Mathematiker.

CANTOR, Georg, * 1845 in Petersburg, † 1918 in Halle/Saale, deutsch-russischer Mathematiker mit dänischen Wurzeln. Begründer der als „Mengenlehre" bekannt gewordenen Lehre von den Mächtigkeiten unendl. Mengen, niedergelegt in „Grundlage einer allgemeinen Mannigfaltigkeitslehre" 1883.

EUKLID, * 365 (?) v. Chr., † 300 (?) v. Chr., stellte die Geometrie unter dem Einfluss von Platon und Aristoteles auf eine wissenschaftliche Grundlage, die auf 23 Definitionen, 5 Postulaten und 5 Axiomen aufbaut („Euklid'sche Geometrie"). Euklids Handbuch „Elemente" bildete über 2000 Jahre lang die Grundlage des Geometrieunterrichts.

EULER, Leonhard, * 1707 in Basel, † 1783 in St. Petersburg. Der gebürtige Schweizer gehört zu den vielseitigsten und produktivsten Mathematikern der Neuzeit und wurde schon mit 20 Jahren an die Akademie der Wissenschaften in St. Petersburg berufen. Zwischenzeitig von dort nach Berlin abgeworben war die Zarenmetropole auch die Stätte seines späten Wirkens. U. a. entdeckte E. die nach ihm benannte Gerade, die irrationale Zahl e = 2,71828... und den Polyedersatz.

FIBONACCI, eigentlich Leonardo von Pisa (* um 1170, † nach 1240 ebenda), Mitglied der Familie Bonacci, woraus sich der Zweitname ableitet. F. Hauptverdienst ist der Import der arabischen Mathematik, in der das hellenistische Wissen konserviert war, und der indischen Mathematik, z. B. der Zahlzeichen, nach Europa. Damit gilt F. zu Recht als erster bedeutender Mathematiker des christl. Abendlandes.

GAUSS, Carl Friedrich, * 1777 in Braunschweig, † 1855 in Göttingen, genialer deutscher Mathematiker („princeps mathematicorum"), Physiker und Astronom. Legendär ist neben der auf Seite 50 behandelten Summenformel des Achtjährigen auch der Beweis des Fundamentalsatzes der Algebra in seiner Dissertation.

KEPLER, Johannes, * 1571 in Weil, † 1630 in Regensburg. Nach dem Studium der ev. Theologie in Tübingen Mathematiker in Graz, ab 1600 in Prag Hofastronom Kaiser Rudolf II., nach dessen Tod als Physiker (Optik) und Mathematiker in Linz, ab 1628 für Wallenstein tätig.

KOCH, Helge von, * 1880 in Stockholm, † 1924 in Danderyd, schwedischer Mathematiker.

LEIBNIZ, Gottfried Wilhelm, * 1646 in Leipzig, † 1716 in Hannover, deutscher Philosoph und Universalgelehrter. Die Mathematik verdankt ihm das wahrscheinlich nach Newton, aber unabhängig von diesem entwickelte und praxistauglichere Kalkül der Infinitesimalrechnung.

LINDEMANN, Ferdinand von, * 1852 in Hannover, †1939 in München, deutscher Mathematiker.

LUCAS Édouard, * 1842 in Amiens, † 1891 in Paris, französischer Mathematiker.

MENGER Karl, * 1902 in Wien, † 1985 in Chicago, österreichischer Mathematiker.

NEWTON, Sir Isaac, * 1643 in Woolsthorpe, † 1727 in Kensington (London), der wohl bedeutendste englische Mathematiker, Physiker und Astronom. Neben bahnbrechenden physikalischen und astronomischen Entdeckungen, z. B. des Gravitationsgesetzes und der Himmelsmechanik, ist N. einer der Begründer der modernen Infinitesimalrechnung, von ihm als „Fluxionenrechnung" bezeichnet.

PASCAL, Blaise, * 1623 in Clermont-Ferrand, † 1662 in Paris. Der zeitlebens kränkliche und früh verstorbene Philosoph, Mathematiker und Physiker war (neben Descartes und Leibniz) einer der letzten großen Universalisten der europäischen Geistesgeschichte. Als Mathematiker vor allem auf dem Gebiet der projektiven Geometrie, der Infinitesimalrechnung und der Wahrscheinlichkeitsrechnung tätig.

PYTHAGORAS von Samos, * um 570 v. Chr. in Samos, † um 480 v. Chr. in Metapont (?), griechischer Philosoph und Mathematiker, gründete in Unteritalien die religiöspolitische Lebensgemeinschaft der Pythagoreer. Der ihm von Euklid zugeschriebene Lehrsatz ist bereits älteren Ursprungs.

SIERPINSKI Waclaw, *1882 in Warschau, † 1969 ebendort, polnischer Mathematiker.

WALLIS John, * 1606, † 1703, englischer Mathematiker.

Literaturverzeichnis

Bei der Abfassung dieses Büchleins hat der Autor auf folgende Fachbücher, Lexika, Unterrichtswerke und Internet-Informationen zugegriffen:

GRILLMAYER Dieter: Im Reich der Geometrie, Teil I aus 2009, Teil II aus 2010. Beide Teile werden umseitig vorgestellt.

LAMÚA Antonio, Das Buch der Unendlichkeit, Libero IBP 2014

MEYERS Neues Lexikon, Bibliograph. Institut AG, Mannheim 1979

REICHEL-MÜLLER-LAUB-HANISCH, Lehrbuch der Mathematik, Hölder-Pichler-Tempsky (HPT), Wien 1992

ROSENBERG-LUDWIG-WÜHR, Sammlung von Aufgaben aus Arithmetik und Geometrie, HPT, Wien 1972

SCHIERSCHER Georg, Matheliebe, Liechtensteinisches Landesmuseum Vaduz 2013

WIKIPEDIA, freie Online-Enzyklopädie

Der Autor

Der 1941 in Wien geborene Autor studierte ab 1959 ebendort Mathematik und Darstellende Geometrie für das Lehramt an Höheren Schulen. Die Abschlussprüfungen legte er bei den Professoren Edmund HLAWKA (1916 – 2009) und Walter WUNDERLICH (1910 – 1998) ab. Zwischen 1968 und 2002 unterrichtete er an mehreren Höheren Schulen in Steyr/OÖ, von 1984 bis 2002 war er der Direktor des BRG Steyr-Michaelerplatz.

Für ein in den 1980er-Jahren bei HPT verlegtes Lehrbuch der Darstellenden Geometrie war er als federführender Autor tätig. Im beruflichen Ruhestand hat er seine Autorentätigkeit über sein Fachgebiet hinaus auf geschichtliche und bildungspolitische Themen sowie auf die Bergsteigerei ausgedehnt.

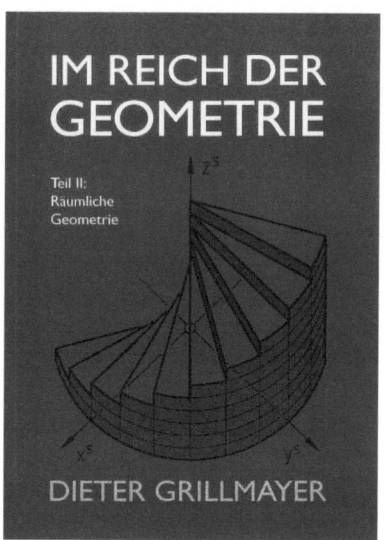

Das Buch „Im Reich der Geometrie" (Teil I: Ebene Geometrie, Teil II: Räumliche Geometrie) wurde aus Freude an Geometrie für Freunde der Geometrie geschrieben, insbesondere für solche, die verschüttetes Wissen und Können wieder ausgraben wollen. Es bietet in kompakter Form einen durchkomponierten Lehrgang, dessen Abfolge den schulischen Geometrieunterricht nachvollzieht, in beiden Teilen aber über das Reifeprüfungsniveau hinausführt.

Auf Grund der zahlreichen Anregungen zum „Weiterdenken" könnte das Buch auch mithelfen, entsprechend begabte Schülerinnen und Schüler für eine erfolgreiche Teilnahme an Mathematik-Wettbewerben fit zu machen und/oder bei der Abfassung einer „vorwissenschaftlichen Arbeit" in Mathematik oder Darstellender Geometrie im Rahmen der (österr.) Reifeprüfung zu unterstützen.

Herstellung und Verlag:
Books on Demand GmbH, Norderstedt

Teil I: ISBN 978-3-8370-2335-0, 196 Seiten, Großformat, € 19,80
Teil II: ISBN 978-3-8391-5593-6, 212 Seiten, Großformat, € 19,80